7. Teezeremonie
Tee ist wie eine flüssige Umarmung

10. Sonnenbrille
Tragbarer Schutzschild für draußen

8. Kuschelsocken / -decke
Kuschel dich ein und fühl dich geborgen

11. Wutkritzeleien
Lass mit Stift und Papier alles raus

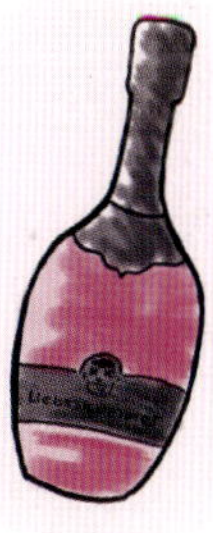

9. Prickelnder Sekt
Zum Durchatmen mit deinen BFFs.

12. Duftwunder
Roll-Ons wie ‚Happy Heart' oder ‚Glow Flow'. (S. 117)

Unerträglich

Will es endlich loswerden
Das Gefühl, sagen zu müssen
Es ginge mir gut
Das Loch, das du in mich gerissen hast
füllte ich mit Wut
Ich will es endlich loswerden
Das Wissen darum, dass es dich gibt
Dass niemand mich so gut kannte wie du
Und doch so wenig liebt

Elisabeth Schwachulla

Vorwort

Da stehen wir jetzt, liebe Leserin!

Und wir glauben nicht, dass du zu diesem Buch gegriffen hast, weil du schon immer gerne mal die reizvollen Seiten des Liebeskummers ausloten wolltest! Das heißt, wir stehen da – aber nicht freiwillig.

Ob dein Ex dir den Laufpass gegeben hat, ob du ihn rauswerfen musstest, oder ob deine Liebe nicht erwidert wurde: Der Kummer ist so unvermeidlich wie scheiße.

Willkommen im ...

Da stehst du jetzt also, und es fühlt sich etwa so an, als wären du und dein Liebeskummer die einzigen Gäste auf einer Beerdigung. Denn so ähnlich ist es doch: Du musst dich verabschieden, deine Beziehung ist vorbei und der Mensch, welcher die Welt für dich bedeutet hat, ist nicht länger Teil deines Lebens. Und dein armes Herz, deinen größten und wertvollsten Schatz, den du ihm vorsichtig und auf Hochglanz poliert dargeboten hast, möchtest du am liebsten einfach mitbegraben. Zusammen mit all deinen Gefühlen, deinen Hoffnungen und zerplatzten Träumen, deinen unerfüllten Bedürfnissen und Sehnsüchten und schließlich deiner kummervollen Liebe selbst. Denn deine große Liebe, dein Dreamboy hat sich enttäuschenderweise in deinen persönlichen Dead Boy verwandelt.

Dem nicht genug, nein: All die alten Geschichten, Ängste und Verletzungen brodeln in dir und wollen dich einfach nicht loslassen, genauso wie die Frage, wie zum Henker denn alles so schiefgehen konnte. Und diese schmerzvollen Gedanken piken und stechen weiter in dein armes Herz, das sich anfühlt, als würde es niemals wieder besser werden. Also versteckst du dich weiter in deinem Liebeskummerloch.

Okay: Shit is done. Daran ist nichts mehr zu ändern. Aber jetzt bist du dran. Was du jetzt brauchst: Buttercremetorte zum Frühstück, eine neue Frisur, einen Shoppingexzess, Long Island Iced Tea ohne Cola, Versö…, nein, Bumble-Dates fürs Selbstbewusstsein, den kuscheligsten Kuschelpulli auf dem ganzen Planeten und dieses Buch.

Erklär es zu deinem Komplizen und Wegbegleiter! Es verpasst dir erst mal eine ordentliche Portion Selbstwertgefühl und hilft dir so, dein Herz und dich selbst aus diesem Liebeskummerloch herauszuholen. Es kann nur noch besser für dich werden!

Also, was sagst du? **Lass uns also anfangen!**
Auf den nächsten Seiten geht's schon los!

Hinweis in eigener Sache: Das Buch richtet sich überwiegend an heterosexuelle Frauen. Es sind jedoch natürlich alle – unabhängig von Geschlecht, sexueller Orientierung und Einstellung – herzlich eingeladen darin zu lesen.

MACHEN WIR UNS NICHTS VOR. NUR DIE ZEIT HEILT.
ES WIRD BESSER. VERSPROCHEN. WENN AUCH NICHT HEUTE.

HILFE TELEFON
GEWALT GEGEN FRAUEN
08000 116 016

Liebe Leserin,

wir wollen mit diesem Buch unterhalten und aufmuntern – es dient jedoch nicht der Erteilung medizinischer oder anderer Ratschläge. Bei Problemen mit den Partner*innen, die in seelische und/oder körperliche Gewalt übergehen, hört für uns der Spaß auf.

Bist du davon betroffen?

Beim Hilfetelefon **„Gewalt gegen Frauen"** können sich betroffene Frauen, Menschen aus dem sozialen Umfeld der Betroffenen und Fachkräfte zu allen Formen von Gewalt gegen Frauen beraten lassen. Das Hilfetelefon erleichtert all denen die Kontaktaufnahme, die den Weg zu einer Einrichtung vor Ort zunächst scheuen oder sie aus unterschiedlichen Gründen nicht aufsuchen können.

Über **24 Stunden an 365 Tagen** im Jahr sind mehr als 80 Beraterinnen unter der **Rufnummer 08000 116 016** und über die barrierefreie **Webseite www.hilfetelefon.de** kostenlos und vertraulich erreichbar. Sowohl die Telefon- als auch die Onlineberatung sind vertraulich: Anrufe können nicht zurückverfolgt werden, E-Mail-Austausch und Chat sind anonymisiert. Sprachbarrieren gibt es nicht: Jederzeit können Dolmetscherinnen für 17 Fremdsprachen zu den Gesprächen dazugeschaltet werden. Auch hörbeeinträchtigte Menschen können das Hilfetelefon mittels eines Gebärdensprachdolmetschdienstes kontaktieren. Die Beraterinnen sind qualifizierte Fachkräfte mit Erfahrung in der Beratung von gewaltbetroffenen Menschen.

WARNZEICHEN

Tipps für heimliche Hilferufe

Leider werden Frauen und Kinder oft Opfer von häuslicher Gewalt. Frauenschutzvereine und Frauenhäuser bieten dir Anlaufstellen und Schutz. Aber wie kannst du um Hilfe rufen, wenn deine Gespräche überwacht werden und du beispielsweise keinen freien Zugang zum Handy hast?

Verabrede dich zum Beispiel mit deinen BFFs zum Videochat. Egal ob du überwachst wirst oder nicht, dieses Hilferufzeichen kannst du ungesehen machen: Für dringendere Fälle kannst du auch Vertrauenspersonen oder die **Polizei unter 110** anrufen und mithören lassen, sodass Hilfe dich erreicht.

Lieber zu vorsichtig sein

Die meisten Gewalttaten im Beziehungskontext geschehen nach dem Ende der Beziehung. Wenn es dir beispielsweise gelungen ist, aus der Beziehung zu einer narzisstischen Person (siehe S. 213 ff.) zu entkommen, sei weiterhin sehr vorsichtig. Gerade wenn sich hinter dem narzisstischen Verhalten eine Antisoziale Persönlichkeitsstörung verbirgt, kann dir Gefahr drohen! Bitte lasse dich von entsprechenden Hilfeeinrichtungen beraten.

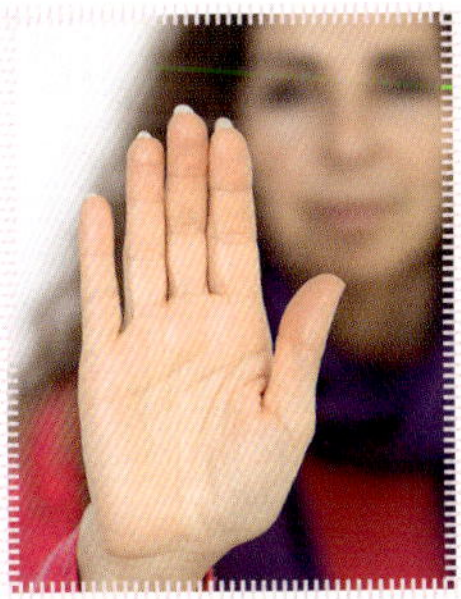

1) Zeige die offene Handinnenfläche.

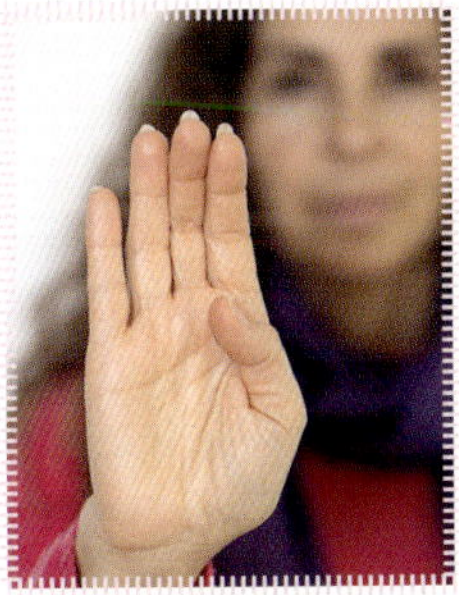

2) Klappe deinen Daumen in die Handinnenfläche.

3) Schließe die Finger zu einer Faust um den Daumen.

Step by step …

wieder zurück ins Leben. Hier gibt es 21 Schritte vorwärts für 21 Tage. Pick dir täglich die Aktion raus, die dir gerade guttut.

1

Lass es raus!

Weinen, schluchzen und wütend sein … alles erlaubt. Lass die Tränen fließen. Sie lösen Schmerz. Allein oder am Telefon mit der besten Freundin. Trinken nicht vergessen. Du brauchst Flüssigkeitsausgleich.

2

Power Shower

Gib dir eine heiß-kalte Wechseldusche (S. 91) oder power dich mit einer knackigen Runde Outdoor-Sport aus.

3

Zünde Kerzen an!

Kerzenlicht hat eine heilende Wirkung. Konzentriere dich 15 Minuten lang auf ihren Schein. Atmen nicht vergessen.

4

He's a Fool & you're no Wannabeback

Pack sofort alles in eine Ex-Kiste. Zahnbürste, T-Shirt, Kaffeetasse … Stell die Kiste in den Keller. Oder versteck sie in der Rumpelkammer.

Zeit zum Trösten (oder: Hugs for you)

Hol dir eine Umarmung. Schnapp dir deine nächsten Freunde oder Nachbarn und lass dich fest drücken oder (für Introvertierte) kuschele dich in deine Kuscheldecke und dreh deine Lieblingsmusik auf.

Von der Seele reden

Mach das Erlebte nicht mit dir alleine aus. Schnapp dir einen oder mehrere deiner BFF und lass deinen Emotionen freien Lauf.

No Stalking

Verbanne ihn aus deinem Smartphone, aus deinen Mails, aus deinen sozialen Medien, aus deinem Leben. Mach eine Strichliste für jede Stunde, die du nicht gestalkt oder die Kontaktsperre aufgehoben hast.

Poetry Queen

Schreib dir dein Elend, alle Verletzung und Enttäuschung von der Seele. (S. 53)

Atme!

Jetzt.
Keine Vergangenheit.
Keine Zukunft.
Nur das Jetzt zählt.

Speed-Anleitung auf S. 27 für die ersten schlimmen Liebeskummertage.

Fühl mit dir!

Du befindest dich im Ausnahmezustand. Quäl dich nicht mit Selbstvorwürfen, sondern schenk dir selbst eine extragroße Portion Mitgefühl!

11

Abschalten, statt On-Off

Falls du zerbrochene Scherben kitten willst: Ex ändert sich nicht. Du kannst nur dich selbst ändern! Lass dich auf keine Spielchen in Dauerschleife ein. Sei mutig, neue und vor allem deine eigenen Wege zu gehen.

12

Klischeetag mit Schoko, Eis & Film

Gönne dir einen Tag, an dem du gänzlich über die Stränge schlägst. Und denk ja nicht daran, Kalorien zu zählen. Morgen oder nächste Woche ist genug Zeit für Kohlsuppe und Green Smoothie.

13

Erledige kleine Dinge!

Klingt albern, doch mit einfachen Routinen und banalen Dingen wie Briefkastenleeren, Klopapierauffüllen und Zahnputzglasreinigen holst du dir ein wenig Alltagsstruktur zurück. Mach deine Umgebung schön.

14

Bleib in Bewegung!

Stillstand tut auf Dauer nicht gut. Mach Yoga oder einfache Dehnübungen, Work-out oder tanze. Vielleicht ist deine Liebeskummermusik nicht traurig, sondern laut und knallig.

15

Sunshine Reggae

Tanke Sonnenstrahlen und lächle. Erwischst du Trübe-Tasse-Tage, geh im Regen spazieren, bis du durchgeweicht bist und gönn dir im Anschluss eine heiße Dusche. Sitz aber nicht im Dunklen; mach dir viel Licht!

16

Hair Cut

Vorsicht, damit es keine Liebeskummer-Fail-Frisur wird: Gönn dir einen Friseurbesuch – dezent als Understatement, es sei denn, du hast wirklich Lust auf eine extreme Typveränderung. Ziele sind dein Wohlbefinden & schöne Komplimente.

17

Shopaholic

Wage einen neuen Stil, einen neuen Trend, den du vielleicht schon lange ausprobieren wolltest und glänze mit deinem neuen Stück. Finde zurück zu dir selbst – oder erfinde dich neu!

18

Neue Rituale und Routinen

Leg ein einfach zu bewältigendes Ritual für dich fest. Singe ein Lied, male was, mach einen Spaziergang, such dir ein Lieblingscafé oder eine Parkbank.

19

Fresh up your home!

Nachdem du deine Ex-Kiste gemeistert hast, miste aus: Wasch deine Kuscheldecken, bürste dein Sofa und lüfte die Matratze, reiß alle Fenster und Türen auf. Verstau Überflüssiges im Schrank. Stell ein paar hübsche Blümchen auf den Tisch. (S. 59)

20

Geh raus!

Mach einen Kurztrip, geh laufen, soweit dich deine Füße tragen, und wenn du nicht mehr kannst, fahr Fahrrad oder schnapp dir den nächsten E-Roller.

21

Schau nicht zurück!

Erst mal nicht. Bis es nicht mehr so sehr weh tut. Bis du oben auf dem Berg stehst und deine Liebeskummerphase aus Adlerperspektive betrachten kannst.

Dein Liebes Kummer

WEISST DU, WAS DAS TOLLE AN DER SACHE IST?

DU!

DIE DA GLAUBEN AN DICH.

EINMAL UMBLÄTTERN …

WILLKOMMEN IM CLUB.

DU BIST NICHT ALLEIN.

Einordungstest:

Wie schlimm hat es dich erwischt?

Mach den Test, um herauszufinden, in welcher Phase des Liebeskummers du dich befindest und wie es aktuell um dich steht.

1. **Wie lange dauerte eure Beziehung?**
   Mehrere Wochen (5 P)
   Mehr als ein Jahr (10 P)
   Mehrere Jahre (15 P)

2. **Wie habt ihr euch getrennt?**
   Er hat Schluss gemacht (15 P)
   Ich hab Schluss gemacht (5 P)
   Wir haben uns gemeinsam entschieden (10 P)

3. **Möchtest du in die Beziehung zurück?**
   Koste es, was es wolle, auf jeden Fall (15 P)
   Vielleicht, ich bin noch unsicher (10 P)
   Nein, vorbei ist für mich vorbei (5 P)

4. **Wie stark denkst du noch zurück?**
   Ständig, ich bekomme ihn nicht aus meinen Kopf (15 P)
   Noch häufig (10 P)
   Es geht eingermaßen (5 P)

5. **Wie sehr tut es noch weh?**
   Es ist wahnsinnig schmerzhaft, ich muss ständig weinen (15 P)
   Es tut noch weh, bin traurig und kann es nicht verstehen (10 P)
   Es schmerzt, aber hey: The show must go on (5 P)

6. **Wenn du zurück denkst, was kommt in dir hoch?**
   Gefühlskarussell: Alles dreht sich, ich vermisse ihn so (15 P)
   Schulterzucken: Ich schiebe die Gedanken an ihn weg (5 P)
   Wut und Zorn: Wie konnte ich nur so blind sein? (10 P)

7. **Wie war euer Sexleben?**
Erfüllend, sinnlich und ... *grins* (15 P)
Eher durchschnittlich (10 P)
Es war mir nicht so wichtig (5 P)

8. **Wie intensiv war eure Beziehung?**
Wir waren praktisch seelenverwandt (15 P)
Sehr vertraut und respektvoll (10 P)
Eher oberflächlich und unpersönlich (5 P)

9. **Gibt es eine neue/andere Liebe in seinem Leben?**
Ja, die gibt es leider. Ich war nie die Eine für ihn (15 P)
Vielleicht, ich verkneife mir das Stalken, so gut es geht (10 P)
Nein, aber wenn doch, dann tue ich so, als sei es mir egal (5 P)

10. **Wie viele Beziehungen hatte er schon vor dir?**
Das war mir nicht wichtig (5 P)
Ein bis drei Beziehungen (10 P)
Schon mehrere ... dieser Casanova (15 P)

11. **Habt ihr noch Kontakt zueinander?**
Ich hab seine Nummer blockiert, Chats sind gelöscht (10 P)
Was soll ich sagen ... hop on, hop off. (15 P)
Wir haben unsere Sachen ausgetauscht. Bye-Bye! (5 P)

12. **Könntest du ihm verzeihen und neu beginnen?**
Ja, sofort! Ich wünsche mir nichts anderes (15 P)
Vielleicht, wenn er einen Blumenstrauß mitbringt (10 P)
Niemals. Lieber sterbe ich allein als alte Katzen-Lady (5 P)

13. **Wie gehst du mit deinem Schmerz um?**
Rollladen runter: Ich heule den ganzen Tag (15 P)
Ich bin echt fertig, aber mit Freunden reden hilft. (10 P)
Ach, ein One-Night-Stand und die Welt sieht besser aus (5 P)

14. Und was passiert mit deiner Ex-Kiste?

Jede Erinnerung wird aus meiner Wohnung verbannt (5 P)
Vielleicht behalte ich die Urlaubsfotos oder den Ring (15 P)
Die Kiste wandert auf den Dachboden, wäre ja schade (10 P)

15. Du siehst deinen Ex auf der Straße. Was tust du?

Ich stolziere an ihm vorbei, ich komme ohne ihn klar (5 P)
Ich verstecke mich und hoffe, dass er weiter geht (15 P)
Ich flippe aus. Also renn besser weg, Dead Boy! (10 P)

16. Wie denkst du über dich selbst nach eurer Beziehung?

Ich hab mein Selbstwertgefühl verloren (15 P)
Ich denke gleich über mich: Ich bin gut, so wie ich bin (5 P)
Das hängt von meiner Tagesform ab (10 P)

17. Was möchtest du gerade gerne tun?

Eiscreme essen und literweise Tee trinken (10 P)
Weiter weinen und schluchzen (15 P)
Meine Wohnung putzen und ausmisten (5 P)

18. Ist schon ein neuer Dreamboy in Aussicht?

Ich gönne mir eine Pause und kümmere mich um mich (10 P)
Naja … der Typ aus dem Café hat mich angelächelt (5 P)
Nein, erstmal hab ich schmerzhaften Liebeskummer (15 P)

Ich habe die Gesamtpunktzahl von: ....

Zähle die Summe deiner Punkte zusammen.
Auf S. 300 findest du eine Einordnung.

Game over

Inhalt

Du weißt doch:
Hinfallen.
Aufstehen.
Krönchen richten.
Ohne Ex weitergehen.

Liebeskummer-COACHING

Deine
Liebeskummerzeit …

… zieht sich gefühlt sicherlich ewig. Deine Schmusekissen sind nicht mehr schmusig genug, und deine Sextoys machen keinen Spaß mehr. Am liebsten möchtest du alles in die Tonne werfen, deinen Koffer packen und ans Ende der Welt reisen – oder dich im Schrank verstecken, weil du mehr gar nicht bewältigst.

Dein Wohnzimmer hat sich in ein Tränenmeer verwandelt – mit Inseln aus verweinten Taschentüchern, die hoch aufragen wie ein zweiter Mount Everest, weil die Heulkrämpfe partout nicht nachlassen wollen. Dazwischen liegt vielleicht noch die Eiscreme oder die lauwarme Sprühsahne, mit denen du versucht hast, die innere Leere zu stopfen. Egal.

Jetzt ist der richtige Zeitpunkt, vom Klo oder dem Sofa aufzustehen: Pack deine Tiefpunktstimmung in den Gefrierschrank (vielleicht auch die Eiscreme, falls noch was zu retten ist) und steige mutig in den Dschungel der Gefühle. Denn hier bekommst du ein Liebeskummer-Coaching an die Hand, das es in sich hat.

Dieses Kapitel ist nach drei Gefühlsgruppen unterteilt, die du während deines Liebeskummers wahrscheinlich für kurze oder längere Zeit oder wiederholt empfindest:

- **Trauer und Selbstzweifel**
- **Wut und Zorn**
- **Aufbruchsgefühle**

Unabhängig davon, was du im Moment durchlebst und welche Gefühle in dir toben: In diesem Kapitel findest du Methoden, die dir im Umgang mit deinen Gefühlen helfen. Du findest Anleitungen zu Handlungen, die teils direkt auf deine Gefühle wirken, teils symbolischerer Natur sind und dir helfen, dir Entwicklungen zu veranschaulichen, während du sie machst.

Such dir für deine aktuelle Stimmungslage die Methode aus, die sich in diesem Moment gut für dich anfühlt.

Es gibt keinen festen Fahrplan. Vermutlich werden sich deine Gefühlscocktails nicht an irgendwelche Abfolgen halten – vor allem nicht ganz am Anfang, solange du noch unter Schock stehst.

Alles braucht Zeit, um zu heilen – vor allem dein Herz.

Trauer und Selbstzweifel

Willst du eine Beziehung beenden, weil sie deine Liebe nicht erfüllt, beginnen Wut und Trauer langsam. Sie sind mit dem Heranreifen deiner Entscheidung verknüpft – halten aber länger an.

Wenn dagegen jemand mit dir Schluss gemacht hat oder du erfahren hast, dass du betrogen wurdest, hast du den ersten Moment möglicherweise als Schock erlebt: Du hast dich wie betäubt und handlungsunfähig gefühlt, wie in einem bösen Traum. Du wolltest oder konntest nicht wahrhaben, was da gerade passiert ist. Dann aber nimmt die Trauer immer mehr zu und mit ihr die ekelhaftesten Selbstzweifel: Du fühlst dich zurückgestoßen und abgewertet, wie Ramschware, die niemand haben will.

Und dann die Suche nach den Ursachen: Warum passiert das? Warum dir? Gegebenenfalls: Warum schon wieder? Und: Warum schon wieder so? Du belädst dich mit Schuldgefühlen, weil du denkst, dass es ja nur an dir liegen kann.

Solche Gefühle und Gedanken sind normal – und bedeuten noch lange nicht, dass sie richtig liegen.

Die Methoden in diesem Kapitel helfen dir, deinen Kummer besser zu verkraften und deinen Gefühlen freien Lauf zu lassen und – das Allerwichtigste – dich auf dich selbst einzulassen und deinen Wert zu erkennen.

Hey!

Es ist okay,

dass du fühlst,

wie du fühlst.

Atme!

Das quält dich:
Trauer und Erschöpfung

Das willst du:
Dir Luft (ver)schaffen und innerlich zur Ruhe kommen

Ganz zu Anfang in deinem Schmerz, wenn nicht mehr als Atmen geht und dir die Kraft zu allem fehlt: dann atme.

Diese Minimeditation ist eine einfache, aber effektive Methode, um wieder zu dir selbst zu kommen. Meditation eignet sich auch gut als tägliche Routine. Vielleicht wird diese Übung ja zu einem Teil deines neuen Lebens.

Setz dich bequem hin oder stehe locker und schließe deine Augen. Lege deine linke oder rechte Hand mit leichtem Druck auf deinen Bauch. Spreize deinen Zeige- und Mittelfinger, sodass der Bauchnabel dazwischen unverdeckt bleibt.

Nun atme langsam und mit geschlossenem Mund über deine Nase ein – tief zu deinem Bauchnabel hin. Nimm wahr, wie die Luft in dich hineinströmt. Konzentriere dich vollständig darauf, in deinen Bauch zu atmen und die Luft kurz zu halten. Puste nun langsam alle Luft durch den Mund aus dir heraus. Schluchze und seufze dabei, wenn dir danach ist, aber nimm weiterhin deinen Atem wahr.

Spüre mit jeder Wiederholung dieser Achtsamkeitsübung, wie deine Energie freigesetzt wird und fließt.

Wenn sich deine Energie in Wut verwandelt, kannst du anschließend die Schreimeditation ausprobieren (S. 49).

Es tut mir leid.

Ich sehe, wie du und ich leiden.

Bitte verzeih mir.

Mein liebes Herz, ich wollte dich nicht verletzen
oder zulassen, dass du verletzt wirst.

Ich liebe dich.

Ich liebe mein Herz und mein Leben
und knüpfe es nicht an Bedingungen.

Danke.

An mein Herz, an mein Leben,
an meine Quelle der Kraft.

Ho'oponopono

Das quält dich:
Kummerblockaden

Das willst du:
Schmerz und Schuldgefühl auflösen und Selbstliebe stärken

Ho'oponopono ist ein wahrer Selbstliebebooster! Ursprünglich bedienten sich Familien auf Hawaii des schamanischen Vergebungsrituals, bei dem Schuldbekenntnisse und Reuebekundungen ausgetauscht werden, um sich gegenseitig zu vergeben und Streit beizulegen.

Du stehst mit deinem Liebeskummer alleine da – und vielleicht bist du auch noch nicht so weit, anderen zu vergeben. Wichtiger ist es ohnehin, dir erst mal selbst zu verzeihen, denn das hast du schon ganz für dich allein in der Hand!

Dank Morrnah Nalamaku Simeona kannst du Ho'oponopono zur Selbsttherapie nutzen, und Dr. Ihaleakala Hew Len hat das Ritual sogar zu vier einfache Mantras zusammengefasst, die du überall in Gedanken wiederholen, sprechen oder singen kannst!

Vier einfache Sätze! Sie helfen, deine schmerzlichen Gefühle und Gedanken wertungsfrei anzunehmen, selbst wenn jemand anders diese einfach vor deiner Tür abgeworfen hat.

Verzeihe dir selbst, dass du das erlebt hast. Lass die Erinnerungen los. So bringst du die Dinge für dich im Inneren in Ordnung und kannst bald unbelastet und gelöst auf einen guten neuen Weg aufbrechen.

Schließ deine Augen und lege deine Hände auf dein Herz. Vermutlich fühlt es sich eingeschnürt an und schmerzt schrecklich. Für den nächsten Schritt schenken wir dir ein wenig Mut.

Los geht's: Lasse diese Gefühle des Schmerzes oder der Schuld vollständig zu und betrachte es. Dann sprich zu deinem Herzen die folgenden vier Mantras immer wieder, bis du fühlst, was du sagst:

> ***Es tut mir leid*** *(ich sehe, wie du und ich leiden).*
> ***Bitte verzeih mir*** *(mein liebes Herz, ich wollte dich nicht verletzen oder zulassen, dass du verletzt wirst).*
> ***Ich liebe dich*** *(mein Herz, mein Leben, und knüpfe das nicht an Bedingungen).*
> ***Danke*** *(an mein Herz, an mein Leben, an meine Quelle der Kraft).*

Mach dir nichts draus, falls es nicht sofort und vollständig klappt. Atme noch einmal tief durch und versuche es erneut. Sprich immer und immer wieder zu dir und deinem Herzen. Psychologisch gesehen wirkt die Wiederholung eines Mantras wie eine Meditation. Verinnerliche also die Sätze und lasse sie ihre heilende Wirkung tun.

Ho'oponopono funktioniert nicht nur beim Herz. Um andere Menschen, einen Zustand oder ein Gefühl um Vergebung zu bitten, gehe genauso vor. Sobald du spürst, wie sich die Fessel der Erfahrungen löst, nimm sie ab und beschreite oder betanze deine neuen Wege.

Mehr über das ursprüngliche Ho'oponopono erfährst du in „The Polynesian Family System in Ka'u" von Mary Kawena Pukui und E. S. Craighill Handy. Ihaleakala Hew Lens solipsistische Weltsicht und die konditionierende Rolle von Ho'oponopono beschreiben er und Joe Vitale in „Zero Limits. Mit der Hawaiianischen Ho'oponopono-Methode zu Gesundheit, Wohlstand, Frieden und mehr".

Es tut mir leid.
Ich sehe, wie du und ich leiden.
Bitte verzeih mir.
Mein liebes Herz,
ich wollte dich nicht verletzen
oder zulassen, dass du verletzt wirst.
Ich liebe dich.
(ich liebe mein Herz und mein Leben
und knüpfe es nicht an Bedingungen.
Danke.
An mein Herz, an mein Leben,
an meine Quelle der Kraft.

Abschied kostet einen Arsch voll Mut.
Einen großen Arsch voll Mut.

Einen großen Elefantenarsch.

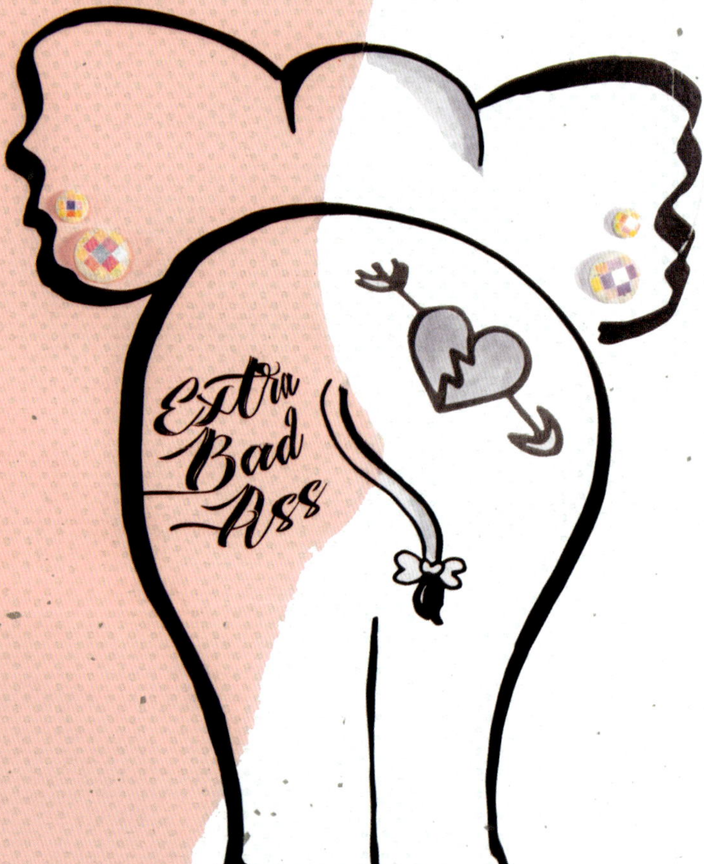

#dein_liebeskummer #EXpressmotivation #shitisdone

Abschiedsbrief an den Ex

Das quält dich:
Gedankenkarusselle

Das willst du:
Die Gedanken verabschieden

Wir feiern jeden Tag kleine und große Abschiede. Von alltäglichen Dingen wie unserer weichen Matratze beim Aufstehen, den unbequemen Lieblingsschuhen, weil sie uns beim letzten Date schmerzhafte Blasen beschert haben, oder vom verlorenen Tagebuch, bei dem wir uns lieber nicht vorstellen wollen, wer sich an den intimen bis peinlichen Einträgen ergötzt.

Kein Abschied tut so weh wie ein Herzensabschied.

Wohin mit all den Gedanken und Fragen, wenn keine Kommunikation mit dem Gegenüber (mehr) stattfindet? Wohin mit den Dingen, die du gerne noch gesagt hättest, oder den verletzenden Worten, die dir noch in den Ohren klingeln? All das wiederholt sich in unserem Kopf, als habe unsere Schallplatte einen Sprung davongetragen. Und dann noch die Selbstvorwürfe und hätte, hätte, Fahrradkette …

Der Abschiedsbrief ist ein geniales Mittel, um deiner emotionalen Freiheit ein Stück näher zu rücken. Seine „Gedanken niederlegen“ ist eine alte Formulierung für schreiben. Und „niederlegen“, das macht man auch mit Dingen, die man nicht mehr braucht und loswerden will: nach dem Krieg „die Waffen niederlegen“ zum Beispiel. Du musst nur den Mut finden loszulassen. Was du im Abschiedsbrief niedergelegt hast, musst du nicht mehr denken, weil du es schon erledigt hast.

Da du vermutlich die einzige Person auf dieser Welt sein wirst, die diesen Brief zu Gesicht bekommt, spielt es keine Rolle, ob du deine Gedanken wirr und unleserlich herunterschreibst oder du dich mit verfu**ten Wortschöpfungen auskotzt. Schreib dir alles von der Seele, was du erlebt, gefühlt und gelitten hast, wie es dir jetzt ergeht und was dich am meisten schmerzt und quält.

Wenn du deinen Brief fertig hast, wirst du dich von ihm ehrenvoll verabschieden: Deponier ihn im Fernzug nach Paris (Stadt der Liebe, da willst du jetzt sowieso nicht hin). Adressier ihn an „Meine Gedankenhölle" und wirf ihn in den Postkasten (in diesem Fall solltest du auf eine Absenderadresse verzichten :-)). Spül ihn im Klo runter oder bastle ein Schiff daraus und übergib dein Briefschiff deinem Badewannensee (ist umweltfreundlicher als ihn im Ententeich versinken zu lassen).

Du kannst deinen Brief auch einfach ins Altpapier werfen. Hauptsache, der Brief ist weg und mit ihm gefühlt dein gesammelter Ballast!

Lege dir nur bitte selbst kein Ei, indem du dich mit einem „Auf Wiedersehen", „See you later" oder einer ähnlichen ungewollten Rückkehrformel verabschiedest. Deine Worte des Abschieds sollten nachdrücklich sein: **„Auf NIMMERwiedersehen", „Fahr zur Hölle"** oder ein niveauvolles **„Adieu".**

Hier könnten deine Zeilen stehen ...

Deine
Route

Geh-Meditation

Das quält dich:
Geistige und körperliche Antriebslosigkeit

Das willst du:
Befreiung aus dem Knock-out

Wenn du dich zu nichts aufraffen kannst, ist die richtige Dosis Bewegung schwer zu bekommen. Du könntest natürlich spazieren gehen oder joggen, aber das ist schnell eine zu große Hürde. Die Gehmeditation führt dich da ein Stück weiter. Sie holt dich aus deinem Knock-out, dabei funktioniert sie sogar in deiner Wohnung.

Schlüpfe in etwas Bequemes und lasse die Socken aus.

Leg deine „Route" fest, damit du später nicht abgelenkt bist.

Deine Augen haften auf deinen Füßen, die dich tragen. Mach einen festen Schritt nach dem anderen und atme im Takt deiner Bewegung ein und aus.

Bündle all deine Aufmerksamkeit auf deine Schritte und deinen tiefen Atem. Es ist nicht zu vermeiden, dass sich aufdringliche Gedanken einschmuggeln wollen. Tauchen sie auf, jage sie davon, aber verfolge sie nicht, sondern widme dich wieder nur dem gegenwärtigen Moment, deinen Füßen, die dich tragen, dem Gefühl, festen Boden unter dir zu haben, und dem Atem, der dich füllt und dir entweicht.

Wenn du frisch verliebt bist, tobt in deinem Kopf das Dopamin, später das „Bindungshormon" Oxytocin. Liebeskummer ist deswegen praktisch kalter Drogenentzug. Die Gehmeditation bringt dich zuallererst mal wieder in Bewegung. Und auf Bewegung reagiert das Gehirn mit der Ausschüttung von Dopamin. So mildert sie also den Glücksentzug in deinem Gehirn.

Zugleich ist die Geh-Meditation natürlich auch Meditation und hat daher eine beruhigende, dich sammelnde Wirkung. Die Besonderheit ist hier, dass dein Körper und dein Geist auf denselben Rhythmus eingestimmt werden.

Hetze dich daher nicht. Wie die Buddhisten sagen, ist das Glück schon der Weg selbst und nicht erst das Ziel. Mit jedem Schritt wachsen deine innere Ruhe, Gelassenheit und Lebensfreude.

NAMO TASSA BHAGAVATO ARAHATO

Danach

Du behältst deinen Zauber.
Wenn ich es schaffe, dich loszulassen
Wirst du vor mir stehen.
Wie eine Flamme, die nicht mehr lange lodert
Wirst du mich wahrnehmen so wie ich dich.
Ein heißer Schmerz nur
Im Innern.

Elisabeth Schwachulla

Flaming Heart

Das quält dich:
Schmerzliche Erinnerungsschnipsel

Das willst du:
Schöne Wunschgedanken

In deinem Gehirn springt mit dem Trennungserlebnis erst mal völlig automatisch das Alarmsystem der Amygdala und dann das Stresssystem des Sympathikus an. Damit stellt sich dein Körper auf die Notwendigkeit von Kampf oder Flucht ein. Schade, dass beides nicht gegen Liebeskummer hilft!

Wenn sich dann langsam die Trauer durchsetzt, die dir dabei hilft, den Verlust zu verarbeiten, wirken deine höheren Hirnareale beruhigend auf die Amygdala ein, dein Stress sinkt und der Parasympathikus leitet die Erholung deines Körpers ein.

So weit, so gut.

Das ist ja, was du erreichen willst. Der Mist ist allerdings, dass Gegenstände, Sätze oder Gedankenschnipsel als Trigger wirken können und – zack! – springen Alarm- und Stresssystem wieder an. So kommt es zu den Schockmomenten, die du leider so gut kennst.

Genau hier hilft die Flaming-Heart-Methode, denn das Einzige, was gegen Trigger hilft, ist, den Verlust anzunehmen, den dir deine Erinnerungen bewusst machen. Was die Flaming-Heart-Methode bezweckt, ist, dir exakt diese Erinnerungsschnipsel einzeln zu entziehen, wenn sie auftreten, damit sie dich nicht mehr triggern. Das ist das ganze Geheimnis!

romantisches
letzten
Sommer
Den Kaffee, den
er mir immer
ans Bett brachte
Ich hole mir
einen Kaffee
in der kleinen
Ich mache
schönes
besten

Wenn also mal wieder eine Erinnerung reinknallt, male ein Herz auf ein Blatt, schneide oder reiße es aus. Falze es in der Mitte und falte es wieder auseinander.

Notiere nun auf der rechten Hälfte den Trigger, den du verabschieden möchtest. Überlege dir dann, welche positive Erfahrung oder Handlung du dir stattdessen in Verbindung mit diesem Trigger wünschst und schreibe diesen Wunsch auf die linke Hälfte.

Natürlich kannst du auch mehrere Erinnerungsschnipsel auf dein Herz schreiben.

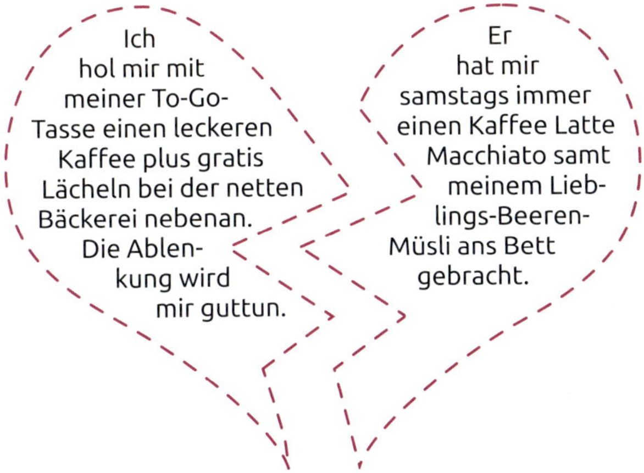

Jetzt wird's heiß! Zerreiße das Herz vorsichtig entlang der Falz. Verabschiede in Gedanken – oder laut – die Worte der **rechten** Hälfte und setze sie anschließend in Flammen!

Nimm die **linke** Hälfte des Herzes an dich und verinnerliche, was du dir gewünscht hast.

Notabene: Sollte dein Trigger dich zwischen den Kleiderständern eines Modegeschäftes oder in der Unibibliothek ereilt haben, solltest du dich lieber erst nach draußen begeben, bevor du zu dem Teil mit den Flammen kommst. Widrigenfalls erlebst du vielleicht einen Großalarm, der dir zwar ebenfalls den Trigger gründlich aus dem Kopf vertreibt, aber vermutlich eher mehr neue Probleme schafft.

Wut und Zorn

Liebeskummer kommt gleich mit einem ganzen Strauß negativer Emotionen daher: Irgendwo zwischen dem stechenden Schmerz, wie du von deinem Ex zurückgewiesen worden bist, dass du ganz allgemein endlich mal so akzeptiert werden möchtest, wie du bist, stecken die Enttäuschung, weil deine Träume zerbrochen sind, und der Frust über deine vergeudete Liebe und die verlorene Zeit. Trauer und Selbstzweifel hatten wir ja auch schon.

Und dann sind da noch die entfachte Wut und der Zorn, die dir rasend über all das, was du erlebt hast, die Kontrolle entreißen.

Doch gerade Wut ermöglicht es dir, ungeheure Kräfte freizusetzen, die du dann ja auch ins Positive wenden kannst.

Deshalb haben wir einige Methoden – mal ernst und mal mit dem nötigen bissigen Humor – zusammengetragen, die dir dabei helfen können, deine Wut zu kanalisieren.

„Wir sollten uns nicht für unsere Wut schämen. Sie ist eine sehr gute und sehr mächtige Sache, die uns motiviert. Aber wofür wir uns schämen müssen, ist die Art, wie wir sie missbrauchen."

Mahatma Gandhi

Buchtipp: „Wut ist ein Geschenk" von Arun Gandhi

Inhalt

Knall ihn an die Wand!

Das quält dich:
Kampf-Impuls

Das willst du:
Wut ablassen

Es kommt die Zeit, in der sich die Trauer verabschiedet und die Wut einzieht. Du spürst also die rasende Wut im Bauch und würdest dich am liebsten in Hulk verwandeln, wenn du das abgelaufene Fruchtgummitütchen unterm Sofa findest, das dein Ex beim *Beeeep*-Abend plattgesessen hat oder seine alten Socken Wasserstau in der Waschmaschine verursacht haben. Gut so! Lass sie raus, diese Wut! Besorge dir hierfür einen Stressball.

Zugegeben, diese Methode hier, Stress, Wut und andere Emotionen abzubauen, wirst du in keinem Buddha-Ratgeber finden. Du bist jedoch weder Prinzessin noch Mönchin oder eine Heilige. Der Zweck heiligt in diesem Fall die Mittel. Male ein doofes Gesicht oder das von deinem Ex darauf oder benutz den Sticker, den du kostenlos herunterladen und mit Klebepapier ausdrucken kannst. Achte darauf, dass der Ball nicht zu viel Gewicht hat. So, nun bist du dran!

„Knall ihn an die Wand!“ Also den Ball.

Du kannst währenddessen schimpfen oder ein Mantra wie „Ich knall dich an die Wand!“ benutzen, … alles was dir hilft. Wähle nur eine Wand aus, gegen die du rabiat werfen kannst, ohne dass dein Vermieter dir am nächsten Tag die Kündigung reicht. Und mach die Übung außerhalb gefährdeter Glasvitrinen und Aquarien. Denn die Fische können nichts dafür.

HA HU_HA_HU_
HU HA HU_HA
HU HU
HA_HU

Chaotische Schrei-Methode

Das quält dich:
Der Wunsch, ausflippen zu dürfen

Das willst du:
Ausflippen

Diese Methode lehnt an eine aktive Meditationstechnik des indischen spirituellen **Meisters Osho** an, bei der Schreien und Toben erlaubt und gewünscht sind.

Wir greifen aus seiner „Dynamischen Meditation" die ersten beiden von fünf Schritten heraus. Jetzt ist es endlich erlaubt:

Flipp aus!

Überwinde dich!
Du wirst feststellen, dass es sich lohnt!

Schaff dazu um dich herum Platz für deine Bewegungen. Beginne im festen Stand mit einem 10- oder mehrsekündigen Warm-up in Form des sogenannten chaotischen Atmens: Dabei vergisst du mal alles, was du über das Atmen weißt! Mit geschlossenen Augen unter vollem Körpereinsatz pumpst du die Luft wild und schnell und unrhythmisch nur durch die Nase. Atme beispielsweise drei Mal ein und zwei Mal aus oder ein Mal schnell und drei Mal langsam oder wie auch immer.

Wie gesagt: Vergiss alles; setze alle Regeln außer Kraft; folge einfach der Intuition, aber nicht einer bestimmten Absicht!

Tipp: Schnäuze deine Nase davor oder zwischendurch, wenn sie verstopft ist oder läuft. Pumpe dich wild und draufgängerisch voll und wieder leer – halte deinen Mund dabei aber geschlossen, damit du nicht kollabierst.

Nach 10, 20 Sekunden bist du bereit für deine Chaosausbrüche. Es gilt nur:

Scream as loud as you can!

Let it go! Schreie! Lass alle Beherrschung fahren! Schüttle dich wie ein nasstriefender Hund nach einem Vollbad. Tobe, fuchtele herum, mach seltsame Geräusche. Wie beim Atem-Warm-up folge keinem Muster. Auch hier ist Absichtslosigkeit das entscheidende Stichwort. Übertreibungen gibt es nicht. Wenn du denkst, du darfst etwas nicht, mache es erst recht! Hole dein wildes Inneres aus dir heraus.

Du kannst auch mit dem Füßen aufstampfen und in Wiederholung dieselben Laute „Hu!" oder „Ha!" schreien oder kreischen oder grunzen. Öffne alle deine Fesseln. Du musst dich nicht schämen, es sieht dir schließlich niemand zu. Wenn du willst, suche dir passende Musik – lass dich von ihr aber nicht zu Rhythmus oder Worten ordnen. Hier geht es schließlich ums Chaos!

Diese Methode ist sehr schweißtreibend. In Oshos Dynamischer Meditation währt die Schreimeditation zehn Minuten, das chaotische Atmen davor ebenfalls. Es folgt eine weitere zehnminütige Bewegungsphase, bevor man für 15 Minuten in der letzten Pose einfrieren und verharren soll, während man sich voll auf seinen Körper konzentriert. Danach wird noch mal 15 Minuten getanzt.

So weit musst du nicht gehen. Schließe gegebenenfalls eine einfache Meditation an (Seite 27). Gönne dir im Anschluss aber auf jeden Fall eine erfrischende Dusche und feiere deine neu gewonnene Kraft!

Vom Mond aus betrachtet,
spielt das ganze Geschrei
gar keine große Rolle mehr.

PUNCHLINE
PUNCHLINE
C60
LOW-NOISE
JAPAN
DEIN LieBes KuMMer
B

Kotz dich aus!

Das quält dich:
Emotionaler Brechreiz

Das willst du:
Dich kunstvoll auskotzen

Werde zur Poetry Queen.

Deine Gefühle wollen gehört werden! Drum hämmere sie in Poetry – vielleicht mit einer Punchline obendrauf!

Unterdrücke nichts: Entfessle dein Elend, deinen ganzen Schmerz und Kummer in der Dichtkunst und entdecke dein Stück neue Freiheit in deiner Kreativität. Hier geht es nicht um Perfektionismus. Deine Zeilen dürfen genauso roh sein wie deine Gefühle! Es ist alles möglich. Trau dich! Nur dein emotionaler Ausdruck zählt.

Schreib einen derben Diss auf deinen Ex oder kotz einfach deinen Shit raus, wenn du down bist. Suchst du den Flow, probier's mit Reimen und schreib deine Zeilen so, dass sie auf den 4/4-Takt passen.

Lade dir instrumentale Untermalung runter, so findest du dich leichter in den Rhythmus ein. Gutes Material gibt es auf YouTube (suche zum Beispiel nach „rap instrumental beats"). Probiere ruhig, selbst zu rappen. Es geht nicht darum, wie tight dein Text ist. Es ist schließlich dein Struggle, und der ist real!

Richtig realer Struggle,
du wolltest viel, doch wenig geben.
Werd nicht lange fackeln,
was bringt noch reden?
Du kannst noch so kriechen,
doch ich werd dir nie vergeben.
Check out, dead Boy!
Geh aus meinem Leben.

Sei keine Cat. Mach deine Gefühle lieber hörbar und kotz dich aus. Und wenn dein Text oder vielleicht auch nur dein Hook mit einer fetten Punchline steht, teile ihn mit anderen Liebeskummermenschen: Poste ihn mit den Hashtags

#EXpressmotivation
#ShitIsDone
#liebeskummerpunchline
#LiebeskummerHook,
oder reiche ihn unter
punchline@deinliebeskummer.de
ein!

Ins Verderben schick ich dich,
viele Tränen, noch ein Blick,
der mich trifft, ist für mich unvergessen,
doch du musst jetzt endlich gehen.
Lifes Lesson – ich bleib trotzdem weiter stehen.
Wigii, wiigii, wigii
NO GEMA
Side 1
DEAD BOY
Ins Verderben schick ich dich (Extended Mix)
INT 127 710

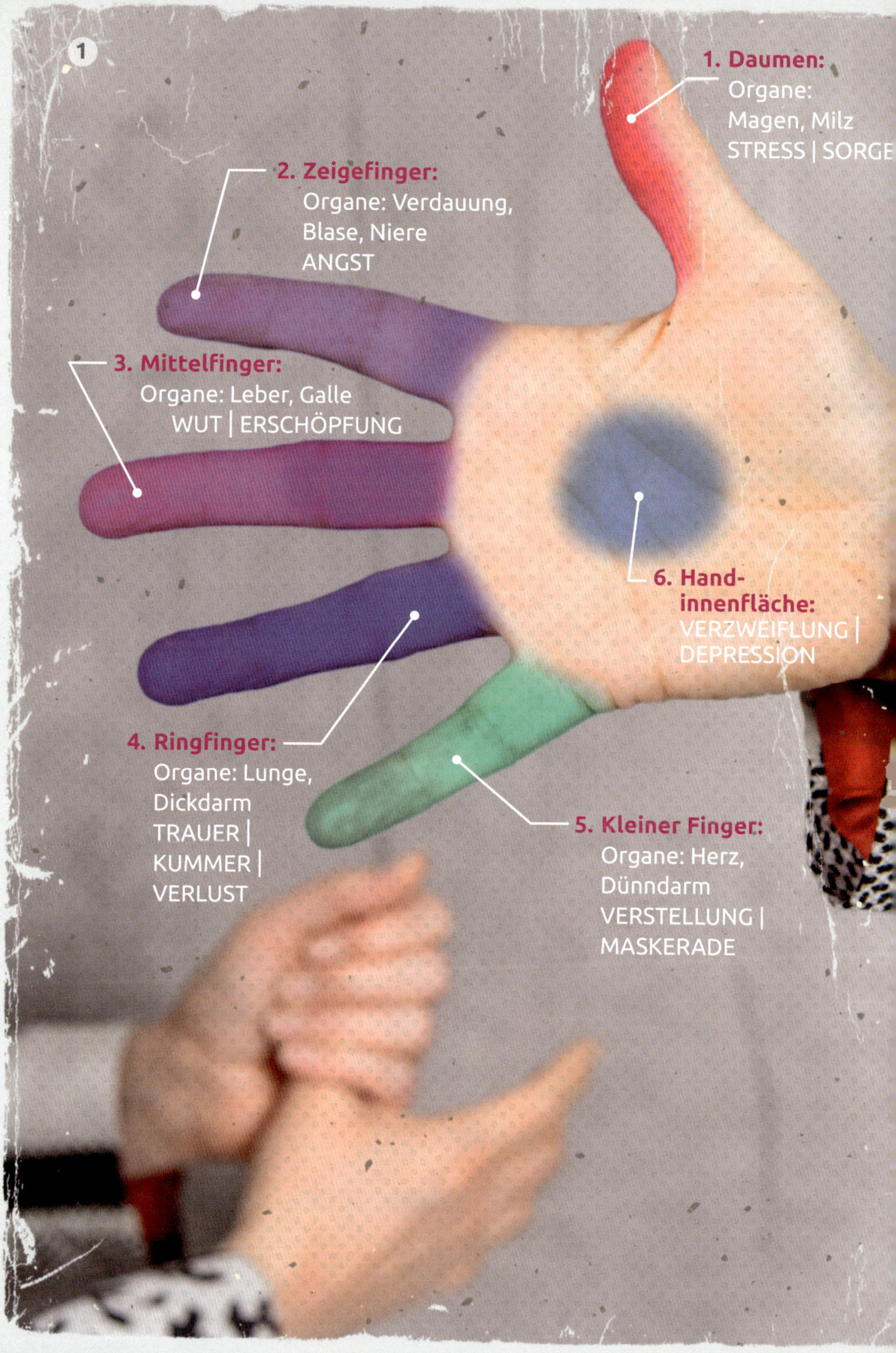
1
1. Daumen:
Organe:
Magen, Milz
STRESS | SORGE
2. Zeigefinger:
Organe: Verdauung,
Blase, Niere
ANGST
3. Mittelfinger:
Organe: Leber, Galle
WUT | ERSCHÖPFUNG
6. Hand-
innenfläche:
VERZWEIFLUNG |
DEPRESSION
4. Ringfinger:
Organe: Lunge,
Dickdarm
TRAUER |
KUMMER |
VERLUST
5. Kleiner Finger:
Organe: Herz,
Dünndarm
VERSTELLUNG |
MASKERADE

Finger-Heilströme

Das quält dich:
Eine physische Blockade

Das willst du:
Dein Qi wieder fließen lassen

Liebeskummer überschattet nicht nur deine Seele, sondern zeigt sich mitunter in seiner schlimmsten physischen Form.

Wut, Eifersucht, Ängste und Scham blockieren den Fluss des Qi. Lähmen dich deine Emotionen wieder einmal so stark, nimm dich nach einer simplen Methode nach Jin Shin Jyutsu® selbst an die Hand. Du brauchst nur wenige Minuten Zeit zu investieren.

An jedem Finger besitzt du Energiepunkte, denen bestimmte Gefühle und Organe zugeordnet sind (siehe Bild 1).

Zur Stimulation der Energiepunkte kannst du den ganzen Finger einschließen – auf diese Weise machst du anfangs nichts falsch, wenngleich es auch möglich ist, einzelne Energiepunkte gezielter zu massieren. Umfasse also sanft und locker den ausgewählten Finger mit den Fingern deiner anderen Hand. Sollte dich im Augenblick Wut quälen, entscheide dich für den Mittelfinger. Bist du dagegen beispielsweise traurig, nimm den Ringfinger. Atme tief ein und aus, während du ihn ein paar Minuten umfasst hältst, bis du ein Pulsieren oder angenehmes Kribbeln spürst. Das ist ein Zeichen dafür, dass die Energie wieder fließt.

Auf dein glückliches Qi!

WENN DAS LEBEN
DIR EINEN
MISTHAUFEN
BESCHERT,

SCHWING
DIE MISTGABEL
UND MACH
HEILIGE ERDE
DARAUS.

#dein_liebeskummer #EXpressmotivation #shitisdone

Fresh up your home!

Das quält dich:
Die vollgestopften Ecken, das ganze Zeug

Das willst du:
Dich endlich wieder wohlfühlen

„Mein liebes Ich, wir müssen ausmisten."

Sich allgemein von alten Dingen zu trennen, entpuppt sich manchmal schon als ein wahres Meisterstück der Überwindung – und sich von alten Dingen zu trennen, die in Verbindung mit Ex-Erinnerungen stehen, ist meist ein Ding der Unmöglichkeit.

Genau JETZT ist die Zeit reif, alle Überbleibsel in deine Ex-Kiste zu packen und bei derselben Gelegenheit auch alle anderen Dinge, die du nicht mehr brauchst, in eine zweite Kiste und dann aus dem Haus zu verfrachten. Löse dich Stück für Stück aus deiner Vergangenheit. Du wirst sehen, es fühlt sich gut und erleichternd an!

Du musst nicht die Wand neu tapezieren, nur weil die leere, bleiche Stelle als Spur vom entsorgten Ex-Foto geblieben ist.

Rahme ein neues Bild, bestelle dir ein XL-Poster oder Wand-Tattoo. Wenn du unbedingt zum Pinsel greifen willst, male ein kleines Gemälde drauf oder entscheide dich für einen Farbakzent.

Ein Knackpunkt ist vielleicht, wie du dich dazu motivieren kannst, die Sache in Angriff zu nehmen.

Wende dazu eine kleine Selbstlist an: Beginne einfach mit einer kleinen Aktion.

Wenn du keine Lust hast, dich strukturiert durch alle Ecken und Räume zu arbeiten, nutze die Kängurutechnik: Wenn du durch die Wohnung springst, mache überall da einen Handgriff, wo du gerade landest – beziehungsweise wo dir etwas ins Auge springt.

Wasche deine Lieblingskuscheldecke vom Sofa. Sammle leere Verpackungen ein. Lüfte deine Matratze und beziehe dein Bett frisch. Entsorge die vergammelten Radieschen aus dem Gemüsefach. Wechsle deine Deko. Besorge dir ein paar frische Blümchen. Oder ziehe Kresse auf der Fensterbank.

Eine hervorragende Fresh-Up-Methode ist übrigens das Ausräuchern. Neugierig darauf? Dann geh auf Seite 127 im Kapitel zu Magie und Zauberei.

AUF DEINEM MIST
GEWACHSEN

Aufbruchsgefühle

Sie bedeuten Befreiung, die du finden wirst, nachdem du alle auf dieser Erde existierenden Schmerzen deines Liebeskummers durchlaufen hast.

Vielleicht hast du gedacht, dieser Moment kommt niemals wieder.

Wenn du diese Aufbruchsgefühle spürst, folge dem Moment des Loslassens.

Nimm jetzt das Zepter in die Hand!

Finde für dich heraus, was du wirklich willst und was dir gut tut. Lass alles hinter dir, bring dich in den Flow und geh neue Wege.

Great shit!

Kurztrips
und Ausflüge
Shopping
Mall
GO ON!
Süßes
Café
Grüner
Park

Ich brech au~~s~~f

Das quält dich:
Du steckst fest

Das willst du:
Aus- und Aufbrechen

Keine Frage, die Angelegenheit, sich auf neue Dinge einzulassen, bei denen man die alten loslassen muss, kostet wirklich große Überwindung.

Du hast der verlorenen Liebe und deinem Liebeskummer Raum gegeben, dein gebrochenes Herz ist bedächtig am Heilen. Sieh nun dein Erlebtes, deinen Leidensweg als großartige Gelegenheit, dein Leben umzukrempeln und neue Pfade zu beschreiten. Fasse den Entschluss, neu zu starten – und das Allerwichtigste: Beginne!

Komm ins Tun!

Mit Dingen, die Spaß machen, die dich wieder zurück ins Leben holen!

Sieh dein Single-Dasein als eine großartige Chance, ganz neue Seiten an dir zu entdecken. Vielleicht hast du schon öfter mal mit dem Gedanken gespielt, spontan zu flirten, eine Reise zu buchen oder einen Erotikmassagekurs zu buchen. Das Leben ist kein Endlosspiel, also verschwende keine Zeit!

Was kann ich ohne meine*n Ex – und was jetzt erst recht:

Was Schönes	**Was Romantisches**	**Was Wildes**	**Wenn heute mein letzter Tag wär**
Japanisch lernen	Blind Date	Porsche mieten und Spritztour machen	Fallschirmspringen
Erotikmassage buchen	Sonnenuntergang in der Natur beobachten	Einen Berg besteigen	One-Night-Stand
JETZT	**BIST**	**DU**	**DRAN!**

Wenn du ein Fan von Listen bist, wirf einen Blick auf das „Ritual der Listen", S. 82.

Das ist kein

CHAOS.

Hier fügen sich
gerade die Dinge

k
r
quer
und
z

ÜBERALL!

10.000%
TREU
MIT RÜCKGABE-
GARANTIE
ELVIS-
TOLLE
CHARMANT
OHNE ENDE
TRAUM
PRINZ

Prince Charming

Das quält dich:
Der Wunsch, ausflippen zu dürfen

Das willst du:
Diesen Moment in deinem Leben feiern

Schleichen sich noch immer fiese Gedanken vor dein inneres Auge, wie du eine verflossene Liebe zum ersten Mal leidenschaftlich geküsst hast? Dann benötigst du einen Plan, um diese hinterlistigen Erinnerungen zu überwinden. Mit unserer Anleitung erfährst du, wie du dich auf Prinz Charming anstatt auf Prince Dead Boy konzentrieren kannst.

Denk zuerst ganz fest an deine Schokoladenlieblingssorte. Wie das Papier beim Auspacken knistert, du mit einem verheißungsvollen „Knack" einen Riegel abbrichst, in den Mund schiebst und diesen verführerischen Geschmack auf der Zunge hast. Dieses tröstende, glücklich machende Gefühl!

Und wenn du jetzt denkst:
„ICH – WILL – SO-FORT – MEI-NE – AB-SO-LU-TE – LIEB-LINGS-SCHO-KO-LADE, VER-FLUCHT – NOCH-MAL!"

Verlass dich darauf, dass dieser Gedanke mit Lichtenergie durchs Universum schießt und bei der nächsten Chocolaterie deine Vorbestellung aufgibt. 😉

Das Gedankenspiel um die Lieblingsschokolade lässt sich auf deinen potentiellen Prince Charming münzen.

„ICH – WILL – SO-FORT – MEI-NEN – AB-SO-LU-TEN – MICH – AUF – HÄN-DEN – TRA-GEN-DEN – PRINCE-CHAR-MING!

Wir wollen hier nichts dem Zufall überlassen. Manifestation bedeutet, deine Wunschgedanken sichtbar zu machen. Deshalb erstellst du für deine heißgeliebte Lieblingsschokolade einen Einkaufszettel – das geht im Vorbeiflug – und für deinen künftigen Prince Charming eine Prince-Charming-Liste – für die benötigst du deinen Lieblingsstift und einen Zettel.
Mal dir in Gedanken aus, welche Persönlichkeitsmerkmale und Charaktereigenschaften du in deinem Prince Charming erwartest.

Tauche tief in deine Gedankenwelt und notiere wirklich jede Kleinigkeit, jede noch so unscheinbare Eigenschaft. Wenn es dir hilft, kritzel eine Zeichnung aufs Papier. Vermeide unbedingt Verneinungen wie „Er soll keine Couch-Potato sein“. Formuliere alles positiv wie „Mit ihm kann ich Fallschirm springen“. Es ist wichtig, deine Gedanken auf das zu richten, was du dir von ihm wünschst, nicht, was du dir NICHT wünschst . Reflektiere in ihm deine bisher unerfüllten eigenen Bedürfnisse!
Sobald du alles zu Papier gebracht hast, lies es durch und lass ihn vor deinem inneren Auge und in deinem Herzen lebendig werden. Erfühle deinen Prince Charming mit jeder Faser deines Herzens und halte dieses Gefühl mindestens eine Minute lang.

Nun lege deine Prince-Charming-Liste irgendwo fern von den Augen besonders neugieriger Freundinnen in eine Schublade und lass los! Warte einfach ab, was kommt und singe das Traumprinzenlied.

Scanne den QR-Code mit deinem Smartphone und hör dir den Song an. 🧡

www.deinliebeskummer.de/traumprinzenlied

Traumprinzen-Lied

Text: Asita Djavadi
Musik: Asita Djavadi / Jan Röck

REDE

Begrab den Ex

Das quält dich:
Abschiedswunsch und Aufbruchgefühle

Das willst du:
Du feierst dein neues Leben ohne Ex in Freiheit

Gratulation! Du hast die schlimmsten Stunden, Tage und Wochen überwunden und bist bereit, den Liebeskummer endgültig in sein schwarzes Loch zurückzuverbannen, aus dem er gekrochen kam. Vorbei sind die quälenden Tage, in denen du untätig dasaßt und der Zeit, die scheinbar alle Wunden heilt, das Zepter in die Hand gegeben hast. Mit Stolz hast du dem Liebeskummer den Kampf angesagt, allen bullshitmäßigen biochemischen Begleiterscheinungen inklusive.

Greife nun zur ultimativen Wunderwaffe während der sich zu Ende neigenden Liebeskummerphase:

Begrab den Ex

Zu Grabe getragen wird ein Erinnerungsstück, welches das Ende deiner Liebeskummerphase symbolisiert.

Nimm dir genug Zeit, diesen besonderen Tag gut vorzubereiten.

Wir beginnen mit der Besorgungsliste:

- Ein zur Einäscherung geeignetes Erinnerungsstück, z. B. ein Foto
- Feuerfeste Schale oder Feuertopf mit Holzscheiten und Streichhölzern
- „Urne", z. B. ein Pappbecher
- oder ein Blumentopf, falls du später z. B. Blümchen darauf pflanzen willst
- Schäufelchen
- Einladungskarten zur Trauerfeier
- Einzelne Rose
- Grabrede

Mach dir Gedanken, wo die Beerdigung stattfinden kann. Haben du oder deine netten Nachbarn einen eigenen Garten oder eine große Terrasse, wo ihr euch versammeln könnt?

Auch an vielen Wander- und Waldspielplätzen sind kleine, offene Feuer erlaubt. Eine straffe Organisation am Tag der Beerdigung ist schon die halbe Miete!

Erledige die Besorgungen der Liste und lade rechtzeitig die BFF ein, damit sie sich den Tag für dich reservieren. Denn niemand geht gern allein auf Beerdigungen.

Style dich am großen Tag der Beerdigung und versammle dich mit deinen BFF am vereinbarten Platz. Beginnt die Trauerfeier mit dem Verlesen der Grabrede! Ihr könnt die hier vorbereitete verwenden oder natürlich eine eigene verfassen.

Verlest die Grabrede und verbrennt das Erinnerungsstück.

Nimm nun deine Rose zur Hand und pflücke den Blütenkopf ab. Den stacheligen Stiel übergibst du samt allem Negativen und Schlechten dem Feuer und lässt somit los.

Den Blütenkopf kannst du als Symbol an die schönen Erinnerungen mit nach Hause nehmen und trocknen lassen oder – wenn wirklich alles scheiße war – zerpflück ihn und übergib ihn ebenfalls dem Feuer.

Schaufelt nun die (abgekühlte!) Asche in die „Urne".

Entscheide für dich, ob du diese später umweltfreundlich entsorgen lässt oder sie vielleicht doch als Blumentopf umfunktionierst.

Als krönenden Schlussakt gönne dir zusammen mit deinen BFF einen schönen Kaffee oder eine Flasche Sekt und lasst zur Feier deines neuen Lebens den Korken knallen.

Grabrede

„Wir sind heute hier zusammengekommen, um Abschied zu nehmen. Abschied von einem der größten Mistkerle auf diesem Planeten. Dein Ex hat dich viele Nerven gekostet, dir wertvolle Zeit deines Lebens geraubt, dich vielleicht belogen und betrogen, dich verletzt, dich nicht wertgeschätzt ... Doch all das soll nun ein Ende haben. Ein endgültiges. Wir wollen heute nicht zurückblicken, sondern nur noch nach vorne schauen.

Aber zuvor in einem Moment der Stille hast du noch ein letztes Mal Zeit, deinem Ex gedanklich alles zu sagen, was du loswerden möchtest. Du kannst ihn mit allen Schimpfworten betiteln, die dir nur einfallen. Lass nochmal richtig Dampf ab und kotze dich aus! Denn heute wollen wir in aller Stille einen Abschluss schaffen.

(An dieser Stelle folgt ein Moment der Stille für die unausgesprochenen Gedanken.)

Nun ist es Zeit, die kläglichen Überreste, das ungewollte Überbleibsel zu Grabe zu tragen.

Dafür übergeben wir nun das Etwas dem reinigenden Feuer.

(An dieser Stelle wird das Erinnerungsstück dem Feuer übergeben.)

Asche zu Asche.
Staub zu Staub.

Du hast nun die Möglichkeit dich in aller Ruhe ein letztes Mal zu verabschieden. Und wenn du gleich dein Schäufelchen mit Asche in die Urne gibst, dann schließe ab. Leg all den Schmerz und all die Tränen ab und sage

‚Auf NIMMERWiedersehen'.

BEGRAB DEN EX
Du liest die Grabrede vor!
Echt jetzt?
Wir sind heute hier zusammengekommen, um Abschied zu nehmen.
Abschied von einem der größten Mistkerle auf diesem Planeten.
GRABREDE

Denn heute wollen wir in aller Stille einen Abschluss schaffen.
Asche zu Asche und Staub zu Staub.
Kotz dich nochmal so richtig aus!
Die Abschiedsparty ruft!
UND TSCHÜSS!

DEIN
LieBes
KuMMer

Loslassrituale für dich

Kleine Rituale sind wie ein Rettungsseil, an dem wir uns entlanghangeln können, um nicht im Kummer zu ertrinken.

Mach sie dir zunutze: beim Aufwachen, Schlafen gehen und zwischendurch.

KLEINES RITUAL FÜR EINEN GUTEN START IN DEN TAG

Damit sich deine ersten drei Minuten nach dem Aufwachen nicht wie der Urknall anfühlen, gönne dir eine „Be-my-day"-Aufwachphase. Ein einfaches Stretching oder eine kleine Atemmeditation wirken kleine Wunder.

KLEINES RITUAL FÜR ERHOLSAMEN SCHLAF

Okay, du hast wieder einen Tag hinter dich gebracht. Er war beschissen? Hake ihn ab. Es gibt ein Morgen. Ganz bestimmt. Und bis dahin hast du Pause. Und Anspruch auf Schlaf. Mach dein Handy aus, nimm ein Fußbad und stell dir eine Creme am Bett bereit, um dich vor dem Einschlafen mit einer Fußmassage zu verwöhnen.

ENTSPANNUNGSRITUAL MIT EINEM GUTEN BUCH

Ein Buch ist ein bisschen wie Ringelblumensalbe für die verletzte Haut. Es meckert nicht und erfüllt seinen Job: Dich unterhalten. Leg für dich eine bestimmte Tageszeit fest, in der du liest.

Dies kann in deiner Mittagspause sein oder am Abend, bevor du schlafen gehst. Wenn dir die Suche nach passendem Lesestoff in deiner Liebeskummerzeit schwerfällt, wirf einen Blick auf die Buchtipps auf S. 287.

DAS RITUAL DER LISTEN

Bist du ein Fan von Listen? Dann ist dieses hier schlichtweg DEIN Ritual!

Schreib dir deine **Liebeskummer-Abhakliste** in ein Notizbuch und notiere alles, was den Liebeskummer so richtig schlimm macht. Wenn du etwas davon hinter dir gelassen hast, hake es ab. So zeigt dir die Liste, was du schon alles geschafft hast, um aus dem Liebeskummerloch rauszuklettern.

🆘 Du fühlst dich unter Schock und traumatisiert
✅ **überwunden**

🆘 Du bist wie gelähmt
✅ **läuft wieder**

🆘 Quälende Emotionen wie Wut, Hilflosigkeit, Ohnmacht zwingen dir schlaflose Nächte auf
✅ **Schlafen klappt wieder**

🆘 Selbstquälerische Gedanken versetzen dich in Weltuntergangsstimmung
✅ **Gewitter verzieht sich, Sonnenschein folgt**

🆘 Stechen im Herzen und Kloß im Hals wollen partout nicht verschwinden
✅ **wird besser**

🆘 Du schließt dich in deiner Wohnung ein?
✅ **bin wieder draußen**

🆘 Du bringst kaum einen Bissen runter?
✅ **schmeckt wieder**

🆘 Du musst dich zum Trinken zwingen?
✅ **Tee, Kaffee, Sekt, Rum ... rutscht runter!**

🆘 Du hast EINEN Menschen verloren, nicht die ganze Welt
✅ **kapiert**

🆘 Stell ihn bloß nicht auf ein Podest! Und wenn du es getan hast, schubs ihn sofort runter!
✅ **erledigt**

Als nächstes schreib dir deine **Happy-Next-Level-Abhakliste** in ein Notizbuch. Notiere alles auf, was dir Spaß macht und dich wieder nach vorne blicken lässt. Wenn du es getan hast, hake es ab. So zeigt dir deine Liste immer, dass auch nach einer Trennung jede Menge Spaß auf dich wartet.

⏰ Verrückte Aktivität wie afrikanischer Tanzkurs oder Trommeln
✅ **gebucht**

⏰ Konzertbesuch mit BFF
✅ **Termin steht**

⏰ Reise an einem Ort, an dem noch nie warst und schon immer hin wolltest
✅ **Ziel ist ausgesucht und Reise gebucht!**

⏰ Autokino
✅ **verabredet**

⏰ Stricken lernen
✅ **Großtante freut sich**

⏰ Dieses eine leckere Gericht, das er nicht mochte
✅ **Endlich wieder geschlemmt**

Selfcare WELLNESS

Okay

er ist weg ...

... und du bist wieder allein, allein. Allein mit dir, allein mit deinem Schmerz. Und das ist so auch vollkommen in Ordnung. Lass es raus, gib dir Zeit, heul, schrei ...

Und dann heißt es wieder: Aufstehen, Staub abklopfen, Krönchen richten und wieder die Welt für sich erobern!

Tu dir Gutes, denn DU bist der wichtigste Mensch in deinem Leben. Und wie heißt es so schön: liebe dich selbst und es ist egal, wen du heiratest ... oder datest ... oder was auch immer.

Sei es dir wert und gönn' dir die Zeit mit dir – und mit diesen Wellness- und Selfcare-Tipps, um dir von innen und außen gut zu tun. Von den Zehen- bis in die Finger- beziehungsweise Haarspitzen!

Vergiss nicht: DU bist eine Göttin! DU verdienst das Beste! Und den Besten!

DILL
JOJOBA

Pfleg &

entspann dich

Ich liebe mich,
ich liebe mich nicht,
ich liebe mich,
ich liebe mich nicht …

Trockenbürsten

Trockenbürsten ist ein altbewährtes Mittel, um die Haut sanft zu peelen und somit abgestorbene Hautschüppchen zu entfernen, Cellulite in Schach zu halten, den gestauten Lymphfluss in Gang zu bringen und somit alte Schlacken (und Festgehaltenes) abzutransportieren. Die trockene Bürstenmassage ist vielleicht nicht die zarteste Wellness-Anwendung, dennoch ist ihre Wirkung so unglaublich effektiv gegen Cellulite wie kaum ein anderes Mittelchen. Kein Wunder, dass in alten Klöstern das Wissen um die Wirksamkeit dieser Methode bereits vor dem 19. Jahrhundert existierte.

YOU NEED:

- Eine trockene Bürste (bitte ohne Tierhaarborsten!)

HOW TO:

Wie der Name schon sagt wird auf trockener Haut gebürstet, beginnend am rechten Fuß außen, aufsteigend zum Rumpf. Nach Pfarrer Sebastian Kneipp gilt die Faustregel, am vom Herzen am weitesten entfernten Fleckchen Körper zu beginnen und sich dann zum Herzen vorzuarbeiten.

Bearbeite zuerst die Vorder-, dann die Rückseite der Beine, danach deine Innen- und Außenschenkel. Nach den Beinen folgen die Arme und schließlich endet die Prozedur an Hüfte, Bauch und Büste. Sei dabei sanft zu deiner Haut!

Nach dem Bürsten empfiehlt sich auch eine ausgiebige und wunderbare Wellness-Dusche ...

DRESSCODE:

EXTREM WEIBLICH,
SUPER SEXY UND
KNALLHART ROSA.

Wechselduschen

Zugegeben: Dieser Wellness-Klassiker kommt vordergründig als Folterinstrument daher, aber dennoch wussten schon unsere Großmütter, dass Wechselduschen ein wahrer Beauty-Booster sind und alles straff und am Platze halten, was sich da eventuell mal der Gravitation ergeben möchte oder bereits ergeben hat. Und zudem ist es eine Super-Challenge, um den inneren Schweinehund zu überwinden, die eigene Willenskraft zu stärken und für positive Energie zu sorgen.

Go for it, girl!

YOU NEED:

- Eine Dusche für dich allein

HOW TO:

Starte mit einem warmen Duschstrahl, wechsle dann zu kalt und beginne bei den Füßen (siehe Trockenbrüsten/Pfarrer Kneipp), wandere Stück für Stück nach oben. Starte wieder mit dem warmen Duschstrahl und wiederhole diese Prozedur. Beende deine Wechseldusche mit dem kalten Duschstrahl.

Ja, das ist nichts für Weichlinge. Aber gib dir die Zeit. Dein Körper gewöhnt sich langsam an dieses Wechselspiel und nach und nach wirst du immer mutiger und vielleicht sogar ein wenig süchtig nach dem straffenden Frische-Kick!

GOOD TO KNOW: UNTERSCHIEDLICHE ÖLE BRINGEN UNTERSCHIEDLICHE BENEFITS: SO WIRKT ZUM BEISPIEL LAVENDELÖL ENTSPANNEND, GRANATAPFELÖL FESTIGEND, MANDEL- ODER JOJOBAÖL EXTREM PFLEGEND, ROSMARINÖL STRAFFEND UND WACHOLDERÖL ENTSCHLACKEND.

Body-Peeling

Einfacher und natürlicher geht's kaum: Um deine Haut schon während des Duschens oder Badens doppelt zu pflegen, stelle dir in der Dusche Zucker (wir bevorzugen braunen Rohrzucker) und ein Öl deiner Wahl bereit.

TWO IN ONE

YOU NEED:

- Öl deiner Wahl,
  z. B. Olivenöl oder Kokosöl
- Brauner Rohrzucker

HOW TO:

Mische nach deiner Reinigung noch in der Dusche in deiner Hand Zucker mit Öl und trage dieses Peeling auf die gesamte, feuchte Haut auf. Lass es kurz einwirken und dusche es dann kurz mit nicht allzu heißem Wasser ab. Tupfe danach die Haut nur sanft trocken und genieße ein all-over gepflegtes Hautgefühl. Mach die Anwendung 1–2 Mal die Woche.

THREE IN ONE

YOU NEED:

- Öl deiner Wahl
- Brauner Rohrzucker
- Kaffeepulver oder Kaffeesatz

HOW TO:

Um der unliebsamen Cellulite noch ein wenig mehr den Garaus zu machen, füge unserem Peeling einfach eine gute Hand voll Kaffeepulver oder gar Kaffeesatz hinzu.

Das wirkt wahre Wunder – und wenn du den Duft von Kaffee magst, ist dieses Peeling kaum zu toppen.

Mach dich schön!

Extra-Tipps:

Wenn du keine Patches zur Hand hast, mach anstelle der Grüntee-Gurken-Eyepatches einfach aus den Zutaten Eiswürfel.
Und sollten dir diese Patches in deiner Kummerzeit generell zu viel Aufwand bereiten, tun es auch ganz simpel zwei ins Eisfach gelegte Teelöffel. Achte bitte darauf, dass du dir weder die Patches noch die Löffel zu kalt auf die sensible Haut legst. Hör da einfach auf dein Hautgefühl. 😉

Kühlende Augenpflege

Ist deine Augenpartie von den vielen Tränen gerötet und geschwollen, haben wir gleich zwei perfekte Hilfsmittel dagegen. Wenn's schnell gehen soll, greif zu den Rosenwasser-Patches. Ein bisschen aufwendiger sind die Grüntee-Gurken-Patches. Die Gurke und das Vitamin C der Zitrone hellen die untere Augenpartie auf und der Grüntee reduziert merklich durch sein enthaltenes Koffein zusammen mit der Kälte die Schwellung unter den Augen.

ROSENWASSER-EYEPATCHES

YOU NEED:

- Rosenwasser
- Watte- oder Baumwollpad

HOW TO:

Tränke Wattepads mit Rosenwasser und lege diese ins Eisfach. Wenn sie etwas angezogen haben kannst du diese auch schon sanft (und nicht zu sehr gefroren) auf die gereizte Augenpartie legen.

GRÜNTEE-GURKEN-EYEPATCHES

YOU NEED:

- 1/4 Salatgurke
- ein paar Spritzer Zitronensaft
- 1 Tasse Grüner Tee
- Watte- oder Baumwollpad

HOW TO:

Püriere im Mixer 1/4 einer Salatgurke mit ein paar Spritzern Zitronensaft und 1 Tasse abgekühltem Grünen Tee. Tränke Wattepads in dieser Mischung und friere diese in einem Gefrierbeutel ein.

Oil-Cleansing

Wenn dir die Mascara vom vielen Heulen zerlaufen ist und du dich erst einmal von den Panda-Augen befreien möchtest, greife am besten zu Kokosöl und wähle die Double-Cleanse-Methode.

KOKOSÖL-PATCHES

YOU NEED:

- Kokosöl
- Waschläppchen oder Tuch

HOW TO:

Massiere dein gesamtes Gesicht mit Kokosöl und reibe dir sanft damit über die Augen. Keine Sorge – es brennt nicht. Nimm dir einen Waschlappen oder ein Reinigungstuch zur Hand, feuchte es mit warmem (nicht zu heißem!) Wasser an und lege es dir erst einmal für ein kleines Weilchen auf dein Gesicht. Genieß die wohltuende Wärme, die die Poren öffnet.
Entferne mit dem Tuch oder Waschlappen Make-up und alles andere, was da noch so auf deiner Gesichtshaut war. Wiederhole dieses Prozedere noch einmal. Und dann kläre im zweiten Schritt deine Gesichtshaut.

Gesicht klären

Nachdem nun der grobe „Schmutz" von deinem Gesicht entfernt ist, empfiehlt es sich, die Haut nochmals zu klären. Und hier ist Rosenwasser ein wahres Beauty-Wunder.

ROSENWASSER-PATCHES

☝ YOU NEED:

- Rosenwasser
- Watte- oder Baumwollpad

HOW TO:

Trage einfach etwas Rosenwasser auf ein Wattepad auf, streiche damit über dein Gesicht, um die Gesichtshaut zu klären.

ESSIG

Lass Dein Haar glänzen

DIE APFELESSIG-RINSE

Um deinen Haaren auf natürliche Art und Weise wieder einen gesunden Glanz zu verleihen, empfehlen wir die „Saure Rinse". Sie entfernt Kalk- und Pflegerückstände aus Haar und Kopfhaut, reguliert den pH-Wert deiner Kopfhaut und sorgt für eine gesunde Balance. Und keine Sorge: Der strenge Geruch des Apfelessigs verfliegt, sobald die Haare trocken sind. Versprochen!

YOU NEED:

- 1 l Wasser
- 2 TL Apfelessig

HOW TO:

Stelle dir in der Dusche einen Messbecher oder eine Flasche mit 1 l Wasser bereit, in das du 2 TL Apfelessig gibst. Optimalerweise ist das Wasser kalt (ja, leider, schon wieder ...), damit sich die vom Shamponieren aufgeraute Schuppenschicht der Haare wieder schließen kann und so besser das Licht reflektiert.

Besonders gut funktioniert die Anwendung, wenn du zuerst die Haarlängen darin tunkst und badest und danach die Rinse über den Kopf gießt. Die Rinse muss nicht ausgespült werden.

Achtung: Das Gebräu brennt höllisch in den Augen!

A good hat day can fix a bad hair day.

#dein_liebeskummer #EXpressmotivation #shitisdone

Special
Rosmarin-Rinse

Wenn du dein natürliches Haarwachstum besonders anregen möchtest, greif zu Rosmarin. Dieses Zauberkraut duftet nicht nur herrlich, sondern regt die Durchblutung an und fördert somit das Haarwachstum.

YOU NEED:

- 1 l Wasser
- 5 frische Stängel Rosmarin
- 2 TL Apfelessig

HOW TO:

Erhitze das Wasser in einem Topf, gib die fünf Stängel Rosmarin hinzu und lass das Ganze ca. 20 Minuten simmern.

Für den Extra-Benefit gib dieser Rinse nach dem Abgießen und Abkühlen noch 2 TL Apfelessig hinzu. Die Anwendung entspricht der der Apfelessig-Rinse.

Pflege für deine Haarspitzen

Gönne deinen trockenen Haarspitzen immer und immer wieder eine kleine Streicheleinheit mit etwas Kokosöl. Du wirst überrascht sein, wie unglaublich toll das pflegt.

YOU NEED:

- etwas Kokosöl

HOW TO:

Erwärme eine kleine Menge Kokosöl zwischen deinen Händen und massiere dieses dann sanft in die Spitzen ein.

Dieser kleine Pflege-Kick für zwischendurch verhindert, dass deine Haarspitzen stark austrocknen oder die Haare brechen.

Lenk dich ab mit DIY

Optimalerweise lass die Bömbchen noch ein bis zwei Tage aushärten, wobei sie natürlich auch schon jetzt zum Einsatz in Wanne (oder Fußbad) bereit sind.

DIY-Badebomben

Was ist entspannender und wohltuender als ein ausgiebiges Vollbad? Mit unseren DIY-Badebomben verwandelst du dein Badewasser in ein sprudelndes, pflegendes, duftendes Nass. Zudem sind die hübsch anzuschauenden Badebömbchen bei Bedarf ein gelungenes DIY-Geschenk für deine beste Freundin, die in deiner Liebeskummerzeit für dich da war.

YOU NEED:

- 100 g Natron
- 50 g Zitronensäure (Pulver)
- 50 g Speisestärke
- 30 g Öl (z.B. Kokosöl, Mandelöl, Jojobaöl)
- ca. 10 Tropfen ätherisches Duftöl (z.B. Lavendel, Rose, Zimt, Orange)
- Lebensmittelfarbe in Pastenform
- getrocknete Blüten (z.B. Lavendel, Rosenblüten, Orangenscheiben, Zitrus-Zesten)

HOW TO:

Mische zuerst die trockenen Zutaten, füge dann das Öl und das Duftöl hinzu. Nach Belieben kannst du die Masse, die sich in etwa wie feuchter Sand anfühlen sollte, nun auch noch einfärben und mit Blüten versehen.

Press diese Masse nun in eine Form deiner Wahl. Das könnten zum Beispiel Muffin-Papierförmchen sein, Silikonherzförmchen oder halbe Plexiglaskugeln aus dem Bastelbedarf. Wichtig ist, dass du die Masse gut festdrückst und sich kurz verbinden lässt. Lös die Badebomben sanft aus der Form.

SHEA
BUTTER

BODY

BODY SOUFFLE

Body-Sahne-Soufflé

Dieses DIY aus unserer kleinen Beauty-Küche verwöhnt deine Haut etwa nach der Kälte-Mutprobe „Wechselduschen", schont zudem die Umwelt und verwandelt sich auf magische Weise von einer öligen Pampe in ein zartes, duftiges Soufflé …

YOU NEED:

- 1 EL Sheabutter
- 1 EL Kakaobutter
- 2 EL Kokosöl
- 2 EL Jojoba-Öl

HOW TO:

Erhitze sanft alle Zutaten im Wasserbad, lass sie dort schmelzen und füge dann die 10 Tropfen ätherisches Öl hinzu.

Lass die Mischung etwas abkühlen. Sobald sie wieder fester wird, rühre die Masse mit dem Handmixer, bis du eine schneeweiße, luftige Konsistenz erhältst.

Dieses Soufflé schmilzt geradezu auf der (am besten noch feuchten) Haut und hinterlässt diese gut genährt und durchfeuchtet.

Dein
LieBes
KUMMer
Happy
Heart
DUFTWUNDER
ROLL ON
Dein
LieBes
KUMMer
Glow
Flow
DUFTWUNDER
ROLL ON

Duftwunder Roll-Ons

Mach dir ganz einfach dein eigenes kleines Duftwunder für unterwegs. Wenn du traurig bist oder dich gestresst fühlst, schüttel deinen Roll-On sanft und trage ihn auf Stirn, Schläfen, Hals und Handgelenk auf und lass dich von der Wirkung überraschen!

MIXTUR HAPPY HEART ROLL-ON

YOU NEED:

- 20 Tropfen Rosenöl (Bio)
- 20 Tropfen Ylang-Ylang (Bio)
- 20 Tropfen Lemongrass (Bio)
- 40 Tropfen Jojoba- oder Mandelöl (Bio)
- 1 Mini-Roll-On

MIXTUR GLOW FLOW ROLL-ON

YOU NEED:

- 20 Tropfen Myrte (Bio)
- 20 Tropfen Sandelholz (Bio)
- 20 Tropfen Bergamotte (Bio)
- 40 Tropfen Jojoba- oder Mandelöl (Bio)
- 1 Mini-Roll-On

HOW TO:

Gib alle Öle pro Mixtur mit Hilfe einer Pipette in ein Fläschchen, verschließ es gut, schüttel es sanft durch und ... fertig ist dein kleines Duftwunder-Takeaway.

Magie und Zauberei

Warum Magie und Zauberei bei Liebeskummer hilft!

Vornweg: Für die Anwendung der Methoden spielt es keine so große Rolle, ob du nun ernsthaft an Magie glaubst oder nicht mehr als einen Schabernack oder Jahrmarktzauber dahinter vermutest.

Nutze einfach die schöne und pulsierende Kraft, die aus den kleinen Zaubereimethoden hier hervorgeht, um dein Herz ein Stückchen mehr zu heilen.

Weise Gedanken und Empfindungen, gute Wünsche und Taten, die du damit loslöst, bringen die Dinge um dich herum in Bewegung.

Plötzlich läuft im Radio ein Song, der dich hochzieht oder es flattert völlig unerwartet die E-Mail ins virtuelle Postfach, auf deren Antwort du schon seit einer gefühlten Ewigkeit wartest und die du eigentlich innerlich schon abgeschrieben hast.

So what? Nicht alle Phänomene, Mysterien und unsichtbaren Mächte müssen wissenschaftlich belegt sein. Wenn ein bisschen Magie und Zauberei dich aus deinem Liebeskummertal lotsen kann, heiligt der irdische Zweck die magischen Mittel.

JePP
perhaps
Dont know
NÖ
NÖ
Dont know
perhaps
JePP

LIEBESKUMMER

Kerzenmagie gegen Liebeskummer

ANWENDUNG
- Trauer und Schmerz

ZWECK
- Hypnotisierende Wirkung

Mach dir dieses Ritual zum Freund für Stunden des Rückzugs.

Die Kerzenmagie bringt dir im wahrsten Sinne des Wortes Licht in deinen dunklen Gefühlswahnsinn. Die Kerzenfarben spielen dabei eine wichtige Rolle, denn jede Farbe hat eine andere Bedeutung: Nimm eine rote Kerze in der Farbe der Liebe, um deine Trennung besser zu verarbeiten und vor allem, um ganz viel neue positive Energie zu schöpfen.

Führe dieses Ritual am besten früh am Morgen oder am Abend aus. Nimm dir genügend Zeit und wähle einen ruhigen, ungestörten Ort, an dem du bequem sitzen kannst. Stelle die Kerze so vor dir auf, dass sie gegen Osten, in Himmelsrichtung der aufgehenden Sonne, zeigt.

Du wünschst dir, deinen Liebeskummer zu lindern. Schreibe darum auf die Kerze vom Fuß zum Docht hin das Wort LIEBESKUMMER. Du kannst auch den Namen deines Ex auf die Kerze schreiben.

Zünde die Kerze an und beginne mit dem Ritual. Konzentriere dich auf dein Anliegen, deinen Liebeskummerschmerz abzugeben. Unterdrücke deine innersten Gefühle dabei nicht. Lass sie aufsteigen, ohne sie zu werten oder zu klammern. Lass Farbe und Licht der Wunschkerze auf dich wirken und spüre, wie die positive Energie in deine Seele fließt und dir Buchstabe um Buchstabe deinen Kummer und Schmerz abnimmt.

Aus LIEBESKUMMER wird IEBESKUMMER, EBESKUMMER, KUMMER …, bis zum Ende des Rituals das ganze Wort gelöscht ist! Es kann geschehen, dass dich während dieser meditativen Phase Eingebungen und Botschaften aus deinem höheren Selbst erreichen. Erschrecke dabei nicht, sondern nimm sie als ein großartiges und wunderbares Geschenk an.

Puste dein Kerzenlicht nicht aus, sondern lass die Kerze bis zum Ende abbrennen, auch wenn du dein Ritual zuvor beendest. Achte nur bitte darauf, nichts in Brand zu setzen – es sei denn, du willst den netten Jungs von der Feuerwehreinheit einen Überraschungseinsatz bescheren.

Das brauchst du für die Kerzenmagie:

- 1 herzrote, durchgefärbte Wunschkerze (achte beim Kauf auf die Brenndauer!)
- 1 Kerzenhalter, in dem Kerze sicher abbrennen kann
- 1 wasserfester Stift
- Streichhölzer

Es wird nicht
EINFACH.

☞ Aber gut.

Zauberhaft
GUT.

Räucherwerk: Ein magischer Brauch

ANWENDUNG
- Unruhe und Trauer
- Vor dem Schlafengehen

ZWECK
- Löst schnell dicke Liebeskummerluft auf

Für ein Räucherritual musst du keine Tempelwoche irgendwo hoch im Himalaya buchen oder dich in einem Beichtstuhl mit künstlichem Räucherstäbchenduft in die Knie zwingen lassen. Dies geht einfach und wunderbar mit Räuchermagie in deinem eigenen Zuhause. Mach dir diesen magischen Brauch zunutze, dir im wahrsten Sinne des Wortes die **dicke Liebeskummerluft wegzuräuchern**.

Stelle dein Stövchen auf eine hitzefeste Unterlage und entzünde das Teelicht. Streue etwas Sand auf das Stövchen-Sieb und verteile mit einem kleinen Löffel oder eine Zange dein Räucherwerk darauf. Atme die sich entfaltende Duftmischung ein und beobachte dich, was sie in dir auslöst.

Kleiner Geheimtipp: Verwende für ein kleines Räucherritual zwischendurch Räucherspindeln oder Fackeln aus weißem Salbei (siehe Abb. 1), um dein Zuhause auszuräuchern und in ein Duftparadies zu verwandeln. Die Salbeispindeln lassen sich kurz und einfach unter fließend Wasser auslöschen oder du erstickst sie im Sand (siehe Abb. 2). Nach dem Trocknen kannst du sie (irgendwann anders) ein weiteres Mal einsetzen.

- Salbeispindel
- loser Sand
- Untersetzer
- Räuchermix und Kohletabletten
- Stövchen
- Teelicht
- Streichhölzer

Achte unbedingt darauf, dass du dir hochwertige Räucherzutaten zulegst.

Sicherheitshinweis: Achte beim Kauf der Räucherutensilien auf gute Qualität! Und sei vorsichtig im Umgang mit dem heißen Räucherwerk und dem Stövchen. Wegen der sich bildenden Hitze stell dein Räucherwerk besser auf einen hitzefesten Untersetzer und lass es wegen Funkenflugs nicht unbeaufsichtigt.

1
2

Happy Me
Sweet Heart

Kleine Teezeremonie

ANWENDUNG

• Bei gebrochenem Herzen

ZWECK

• Wirkt beruhigend

Nimm dir die Zeit für eine kleine Teezeremonie. Du brauchst nur wenige Zutaten, um einen heilenden Trunk für dein leidendes Herz zu zaubern. Gieße den Tee mit sprudelnd heißem Wasser auf und lass ihn acht bis zehn Minuten ziehen.

Bereite inzwischen eine bequeme Sitzgelegenheit für dich vor und stelle eine Tasse mit deinem leckeren Tee bereit. Sitze aufrecht, nimm jeweils 3 Schlucke aus der Tasse und setze sie wieder ab. Die wohltuende Wärme durchströmt und beruhigt dich. Wiederhole die Trinkzeremonie, bis deine Teetasse oder -kanne leer ist.

1. Mixtur mit Rosenblüten oder Gingko

1 TL Zitronenmelisse
1 TL süße Orangenschalen
1/2 TL Rosenblüten oder Gingko
1/2 TL Hibiskusblüten
300 ml Wasser

2. Mixtur mit Apfel und Zimt

1/2 TL Rooibos
1 TL süße Orangenschalen
1 TL Apfelstücke
1/2 TL Fenchel
1 Prise Ingwer, gemahlen
1 Prise Zimt, gemahlen
300 ml Wasser

Voodoo-Backen

ANWENDUNG
- Wut und Rachegefühle

ZWECK
- Emotionen abbauen und verarbeiten

Nicht doch, mit Voodoo-Backen wecken wir keine dunklen Mächte. Diese kleine Harmlos-Variante der Voodoo-Zauberei kann wirklich nicht schaden, bei allem was du gerade durchmachst, und funktioniert ganz einfach: Backe Voodoo-Kekse und verziere sie anschließend.

Schon während du den Teig knetest, ausrollst und ausstichst, kannst du deiner Wut und Enttäuschung über deinen Ex oder über deine momentane Lage Raum geben und verarbeiten. Nach dem Backen verziere deine Voodoo-Kekse mit allem, worauf du Lust hast.

Das passende Rezept findest du auf S. 163.
Zelebriere Voodoo-Backen allein oder mit BFF.

Unkraut-Rache-Bombe

ANWENDUNG
- Rachegefühle

ZWECK
- Sinnvoll verarbeiten

Über die „magische" Fähigkeit dieser Methode lässt sich natürlich streiten, aber zumindest kann sie dir schmunzelhafte Genugtuung bescheren und du machst damit die Umwelt etwas grüner – oder den Garten deines Ex. Sammle hierzu bei deinem Streifzug durch den nächstgelegenen Hexenkräutergarten ein paar fiese Samen für eine Unkraut-Rache-Bombe. Mische die Samen mit etwas Erde und Ton zu einer oder mehreren kleinen Kugeln, lass sie schön trocknen und werfe sie beim nächsten Vollmond mit all deinem Rachegedanken in den Vorgarten deines Ex oder auf seinen Balkon. Danach atme drei Mal tief durch und genieße den Rest der schönen Nacht.

BADEN-BADE
2
Glück
36
KONSTANZ
BADE
5
KONSTANZ
ART

MOJO-Glücksbringer

ANWENDUNG
- Böses Auge
- Schlechte Einflüsse

ZWECK
- Glück und Schutz

Den magischen Glücksbeutelchen wird die Wirkung nachgesagt, schlechte Einflüsse zu vertreiben und Glück zu bescheren. Wähle einen Tag mit zunehmendem Mond, um dein eigenes Beutelchen zu füllen. Trage es bei dir oder leg es unter dein Kopfkissen. Wenn du die Muße hast, denke dir einen eigenen Zauber- oder Glücksspruch dazu aus.

Für deinen Glücksbeutel brauchst du:

- Reiskörner
- getrocknete Rosenblüten
- eine Haarsträhne von dir
- Glücksmünze(n)
- 1 kleiner Organzabeutel

DIE KRAFT
DIE HERRSCHERIN
DER EREMIT
IX
DIE LIEBENDEN
VI
DIE KRAFT

Tarot-Tageskarte

ANWENDUNG
- Wenn du Rat suchend unterwegs bist

ZWECK
- Entscheidungshilfe

Lass die Karten zu dir sprechen! Wenn du nicht auf den nächsten Jahrmarkt warten willst, auf dem in einem hübschen verwunschenen Zelt eine Hellseherin dir in die Karten schaut, mach es selbst! Besorge dir ein Tarotkarten-Deck, das dich persönlich anspricht. So sagenumwoben und vieldeutig Tarot sein mag – so nützlich mögen die Karten für dich als innere Führung und Entscheidungshilfe sein.

Für das Ziehen deiner Tageskarte benötigst du nur die große Arkana, bestehend aus 22 Karten.

Wähle einen für dich einen angenehmen Ort – am besten an einem Tisch, an dem du aufrecht bequem sitzen kannst.

Schaffe nun eine Verbindung mit den Erdenkräften, indem du beide Füße fest auf den Boden stellst.

Breite die 22 Karten verdeckt auf dem Tisch aus und mische sie mit deiner linken Hand im Uhrzeigersinn gut durch. Lass dich nicht von deinem Verstand ablenken, sondern lass dein Herz durch deine Hand sprechen.

Es ist wichtig, dass du deine linke Hand dafür einsetzt, weil diese mit deinem Unterbewusstsein verbunden ist und du dich so von deiner Intuition leiten lassen kannst.

Stelle nun deine Frage und lass deine linke Hand über den Karten schweben.

Spüre, zu welcher Karte du wie durch magische Anziehungskraft hingezogen wirst. Nimm deine Tageskarte an dich und finde heraus, welche Bedeutung der Karte deiner Wahl zugeordnet ist, indem du hier nachliest oder in deinem Tarot-Handbuch nachschlägst.

Wenn es dir guttut, trage die Karte als Stütze bis zum Tagesende bei dir.

WIE DU DEINE TAGESKARTE DEUTEN KANNST:

- **DER NARR**
  Spiellust, Freude, im Einklang mit dir selbst

- **DER MAGIER**
  Anziehungskraft, Biss, Faszination, Erfolg

- **DIE HOHEPRIESTERIN**
  Fruchtbarkeit, Geduld, Verständnis, Hingabe

- **DIE HERRSCHERIN**
  Selbstbewusstsein, Lebendigkeit, Entfaltung

- **DER HERRSCHER**
  Verwirklichung, Verantwortung, Macht, Bodenhaftung

- **DER HIEROPHANT**
  Optimismus, Aufrichtigkeit, Vertrauen, Sinnsuche

- **DIE LIEBENDEN**
  Große Liebe, Lebensbejahung, Entschlusskraft, Herzensweg

- **DER WAGEN**
  Aufbruch, Unternehmensdrang, Konfliktlösung

- **KRAFT**
  pure Lebenslust,
  Leidenschaft,
  Kampfbereitschaft,
  Willenskraft

- **DER EREMIT**
  Weisheit, Selbsterkenntnis,
  Besonnenheit, Stille

- **DAS RAD DES SCHICKSALS**
  zur rechten Zeit, Schicksal,
  Lebensaufgaben,
  Wunder

- **GERECHTIGKEIT**
  Urteilskraft, Gerechtigkeit,
  Säen und Ernten,
  Klugheit

- **DER GEHÄNGTE**
  Ohnmacht, äußerer Still-
  stand, innerers Wachstum,
  Umkehr, Wandel

- **TOD**
  Abschied, natürliches Ende,
  Loslassen, Neufanfang

- **MÄSSIGKEIT**
  Dankbarkeit, Zwiespältig-
  keit, Zuneigung, richtiges
  Maß der Dinge

- **TEUFEL**
  Versuchung, Macht, Gier,
  Abhängigkeit

- **DER TURM**
  Loslassen, Trennung,
  Ballast abwerfen

- **DER STERN**
  glückliche Zukunft,
  Verliebtheit, schöne
  Erlebnisse

- **DER MOND**
  verborgene Ängste,
  Sehnsüchte, Angstschwelle,
  Intuition

- **DIE SONNE**
  Herzenswärme, Großmut
  Optimismus, höchste
  Vollkommenheit

- **GERICHT**
  Entscheidung,
  Erlösung,
  Sieg des Guten,
  Wiederfindung

- **DIE WELT**
  Reise, Einklang,
  Beliebtheit,
  Zielerreichung

Pendelzauber als Orakel

ANWENDUNG
- Wenn du Rat suchend unterwegs bist

ZWECK
- Entscheidungshilfe

Hand aufs Herz: So ein kleines bisschen Zauber und Magie schadet nie! Schwing den Pendel, um dir mit magischer Unterstützung die eine oder andere Entscheidungshilfe zu holen.

Such dir dazu einen ruhigen Ort, mach es dir bequem und nimm dein Pendel zur Hand. Stelle eine Frage, die sich mit Ja, Nein oder Vielleicht beantworten lässt! Wenn du willst, notiere die Frage auf ein Blatt und schwinge das Pendel direkt darüber.

Schwingt das Pendel vor und zurück oder im Uhrzeigersinn, bedeutet dies „Ja“. Geht das Pendel von links nach rechts oder gegen den Uhrzeigersinn, bedeutet das „Nein“ und eine diagonale oder ovale Bewegung kannst du als „Vielleicht“ deuten.

Wenn du nicht alleine pendeln willst, lade eine liebe Freundin oder einen Freund ein, um mit ihnen zusammen eine magische Sitzung zu halten.

Wichtig dabei ist: Entspanne dich, hab ein bisschen Spaß dabei und gönne dir eine schöne Tasse Tee dazu.

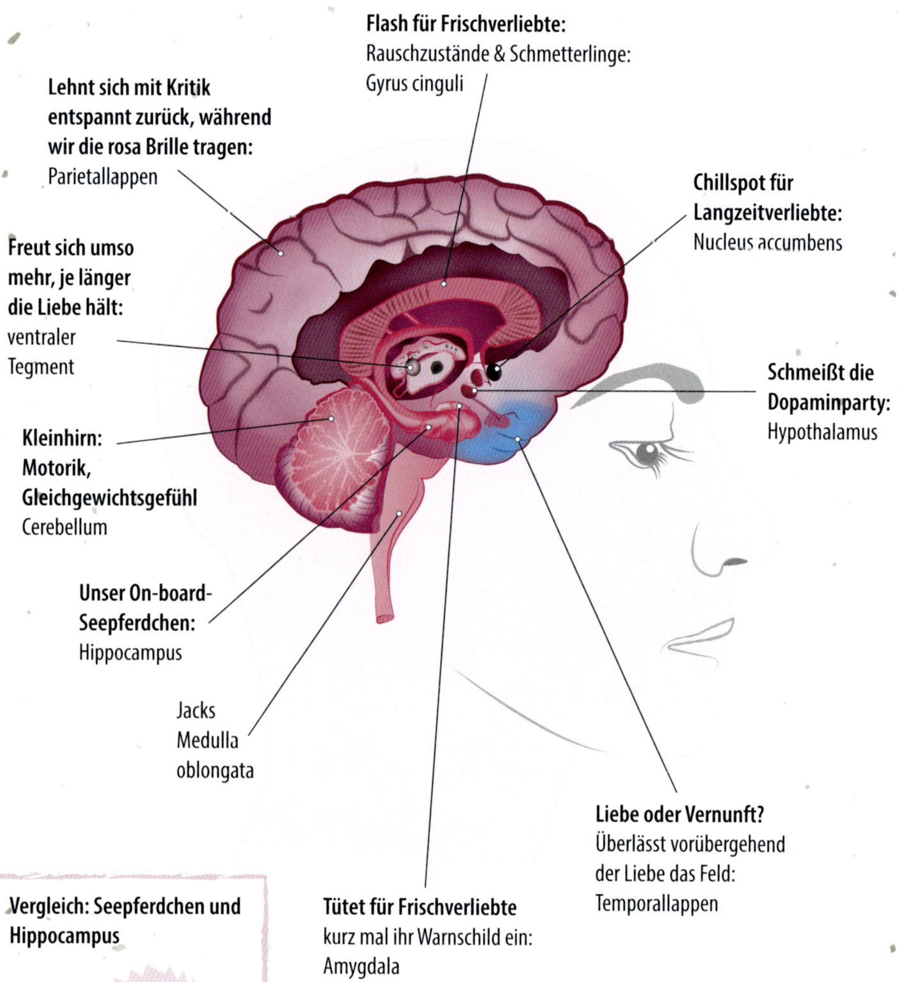

Vergleich: Seepferdchen und Hippocampus

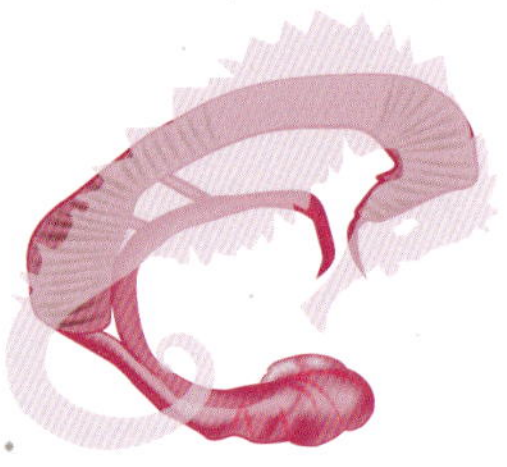

Liebeskummer-psychologie

I'm a zombie!

Okay, shit is done. Deshalb musst du dich jetzt auch noch damit beschäftigen, welch fröhliche Urständ der Liebeskummer in deinem Kopf veranstaltet.

Was dich in diesem Kapitel erwartet:

- die unerotischste Beschreibung von Liebe, die du je gelesen hast
- weise Worte von der Frau, wegen der homosexuelle Frauen heute als lesbisch beschrieben werden
- ein Ausblick darauf, welche Phasen du möglicherweise durchmachst, während du deinen Liebeskummer verarbeitest (mit einem bisschen wissenschaftlichen und umso viel mehr anekdotischen Belegen aus eigener Erfahrung – und einem Kurzfilm von Jay Diaz)
- weise Worte von Metallica

WIE DIE LIEBE ÜBERFLUTET: SO I DUB SHIT UNFORGIVEN

Ohne Liebe kein Liebeskummer. Um Letzteren zu verstehen, lass uns mal darüber nachdenken, womit wir es bei Ersterer zu tun haben: Ach, Liebe, mit ihr ist alles Friede, Freude, Eierkuchen!

Doch abseits davon, dass uns die Werbung vormacht, dass Liebe ein guter Grund sei, Geld auszugeben; abseits davon, dass uns Liebesgeschichten vormachen, dass Liebe unser Happy End sei – eine Behauptung, der du gerade sicherlich aus vollem Herzen widersprechen möchtest –; abseits davon, dass die Gesellschaft uns vormacht, dass die Paarbeziehung (Reihenhaus, Kombi, Kind) und deswegen auch die Liebe das Muster guter Lebensführung und ultimatives Lebensziel sei; abgesehen davon ist Liebe überhaupt nichts Magisches, Seelenerfüllendes, sondern nur ein bisschen Biochemie.

Frischverliebt: I'm a zombie, but that's okay

Semir Zeki (University College, London) und Andreas Bartels (Max-Planck-Institut in Tübingen) beschreiben, welche unserer Hirnareale aktiviert werden, wenn wir frischverliebt sind – sichtbar gemacht werden kann das mit dem MRT (Magnetresonanztomograf, dieser Röhre, in die Leute in Krankenhausserien geschoben werden).

Angestoßen durch bestimmte, größtenteils äußere Reize, die wir wahrnehmen, wenn wir einer Person begegnen, springt zuerst derjenige Bereich unseres Gehirnes an, der für Motivation und Streben nach Befriedigung von Bedürfnissen zuständig ist: der Nucleus accumbens (der „sich hinlegende Kern"). Bei Menschen, die Drogen wie Kokain nehmen, leuchten im MRT dieselben Hirnregionen im für unsere Gefühle zuständigen limbischen System (dem „gesäumten System") auf. Deswegen auch verhalten sich Frischverliebte oft so irrational wie auf einem Drogentrip: weil es einer ist.

Warte, gleich kommt noch ein besserer Zusammenhang.

Ausgeschüttet werden die Hormone Dopamin, das eine Art Rauschgefühl sowie die berühmten Schmetterlinge hervorruft, und Adrenalin, das unsere Ruhelosigkeit bedingt. Der für beide Vorgänge zuständige Gyrus cinguli (der „gewundene Gürtel") blinkt wie die Leuchtreklame eines Sexshops. Die Amygdala (ganz schnöde: der „Mandelkern"), von der negative Gefühle wie Angst und Trauer gesteuert werden, zeigt sich im MRT dagegen inaktiv. Schwupp, ist unsere Vorsicht so gebremst, dass wir Risiken völlig anders einschätzen und plötzlich beispielsweise bereit sind zu ungeschütztem Geschlechtsverkehr.

Nebenbei: Deswegen solltest du immer mehrere Kondome dabeihaben, falls ein Unglück zum anderen kommt und du dich nicht nur verknallst, sondern eines davon reißt. (Außerdem bitte nicht im Geldbeutel oder zu lange in der Tasche rumknautschen, weil sie dann eher reißen.)

Nach diesem Exkurs nun zu der entscheidenden Frage: Wieso lässt uns dieser unpersönliche biochemische Prozess Liebe für eine bestimmte Person empfinden?

Vielleicht hast du schon mal die Erfahrung gemacht, dass du dich in mehrere Personen gleichzeitig verknallt hast. Zu Beginn ist das Gefühl, dass der Hormoncocktail hervorruft, nämlich noch nicht auf jemanden gerichtet. Tatsächlich haben wir im Anfangsmoment noch die Möglichkeit, mit bewussten Entscheidungen Einfluss darauf zu nehmen, auf wen wir unsere Liebe richten möchten. Sozialpsychologe Manfred Hassebrauck (Bergische Universität Wuppertal) nennt unsere Fähigkeit zu einer bewussten Entscheidung den „kognitiven Aspekt" der Liebe.

Um unsere Motivation zu erhöhen, alles für die erhoffte Beziehung einzusetzen, bremst das ausgeschüttete Dopamin die Aktivität in Temporal- und Parietallappen. Diese höheren Hirnareale, die links und rechts außen sowie hinten oben im Gehirn sitzen, sind für kritisches Denken zuständig. Es wird somit also unser Denken darauf eingeschränkt, sich nur noch um diesen oder diese Menschen zu drehen. Infolgedessen lernen wir, das Gefühl der Liebe mit Personen zu verbinden.

Dass hier ein Lernprozess stattfindet, wird weiter unten noch eine Rolle spielen – denn was man lernen kann, kann man auch entlernen.

Liebeskrank: Besser geht's nicht

So, und jetzt der Knaller: Donatella Marazziti, Psychiaterin und Professorin aus Pisa, stellt fest, dass die Hirnaktivitäten von Frischverliebten genauso aussehen, wie diejenigen unter dem Einfluss einer Zwangserkrankung. Wenn wir uns verlieben, werden dieselben Bereiche unserer Gehirne aktiviert wie bei Menschen mit Zwangsstörung, während sie ihrem Zwang nachgeben. Solange diese ihrem Zwang nicht nachgeben, sinkt der Spiegel des Glückshormones Serotonin allerdings erheblich. Und auch das haben Verliebte mit Zwangserkrankten gemeinsam: Sinkender Serotoninspiegel fühlt sich leider an wie Drogenentzug.

Auf dieser Basis können wir noch mal drüber nachdenken, ob unser Verständnis von Liebe als Friede, Freude, Eierkuchen stimmt. Die alten Griechen hatten da ein anderes Bild. Kommen wir deshalb mal zu den schönen Worten der ältesten, uns namentlich bekannten Dichterin: Sappho. Sie musste es wissen, denn sie unterrichtete auf Lesbos an der Schwelle von der Bronze- zur Eisenzeit einen Kreis von jungen Mädchen in allen Dingen der Liebe – dem Vernehmen nach auch in deren körperlichen Aspekten. Deswegen leitet das Deutsche sein eines und das Englische seine beiden Wörter für weibliche Homoerotik von ihr ab: sapphic und lesbian. Für unser Bild von Liebe hätte sie vermutlich nur ein archaisches Lächeln übriggehabt. In ihrem Fragment 130 nennt sie die Liebe stattdessen:

„Das bitter-süße, unbezähmbare Tier".

Die Altphilologen Richard Hunter und Angelika Dierichs erläutern, dass für die Griechen „Liebe [...] niemals eine ungetrübte Freude" war. Man beschrieb sie mit denselben Worten wie Krankheiten, denn schließlich geht es dir erst gut – und kaum verliebst du dich, gehst du durch alle Jammertäler! „Krank vor Liebe" wird man durch den sinkenden Serotoninspiegel, der schon beginnt, uns zu quälen, sobald wir uns verknallen. Und das ist absolut dasselbe, was dir genau jetzt beim Liebeskummer widerfährt – nur mit dem Unterschied, dass du nicht zwischendrin deinen Dopaminfix bekommst.

Wer könnte es schöner ausdrücken als Metallica:
We're so fucked
Shit outta luck
Hardwired to self-destruct

Liebeszauber: wie bald schon liebt sie

Sappho konnte noch die Liebesgöttin Aphrodite anrufen, wenn sie verschmäht wurde. Seither haben sich viele an Liebeszaubern versucht (und andere mit falschen Versprechen viel verdient). Wenn die damals schon gewusst hätten, was wir wissen ...

… wären sie bereits auf Ideen gekommen, die Wissenschaftler heute bereits in die Tat umgesetzt haben! Eine zentrale Rolle spielt dabei das Bindungshormon Oxytocin, auf dessen Rolle in länger währenden Liebesbeziehungen wir gleich eingehen:

Ernst Fehr, Professor für Mikroökonomik und Experimentelle Wirtschaftsforschung am Institut für Volkswirtschaftslehre der Universität Zürich, sorgte 2005 mit einer Studie für Aufsehen, in der Studierenden Oxytocin als Nasenspray verabreicht wurde. Er konnte nachweisen, dass sie damit Fremden gegenüber mehr Vertrauen zeigten.

Das ist so weit ja nur am Rande interessant. Doch wer Oxytocin und Dopamin als Nasenspray zu sich nimmt, erlebt kurzfristig ein Gefühl von Verliebtheit.

Kurz gesagt: Das lang gesuchte Zaubermittel zur Erzeugung von Liebe existiert! Was viele Geschichten erzählen, welche dieses Thema aufgreifen, gilt aber auch hier: Echte Liebe ist viel komplexer – schon weil noch wesentlich mehr Hormone dabei eine Rolle spielen.

Lebenslänglich lieben: In love we rust

Okay, was wir bislang gelernt haben: Liebeskummer ist schon ein Teil der Gefühle, die wir als Frischverliebte empfinden. Und den Rest beschreibt Semir Zeki so: „Liebe ist am Ende eine Form von Obsession." Na prima!

Zum Glück dauert die Phase des heftigen Verliebtseins nur wenige Wochen bis Monate, wenn wir der Aussage von Prof. Dr. Peter Walschburger folgen, der Biopsychologie an der Freien Universität Berlin unterrichtet. Und wir dachten, es wäre schlecht, wenn die rosa Brille an Wirkung verliert, bzw. wir aus dem Schlaf der Vernunft erwachen …

Nicht alle Beziehungen lassen sich über das Ende dieser Phase hinwegretten, denn wegen des Nachlassens der Verliebtheit, welche sie bislang getragen hat, müssen nun ganz andere, langfristig tragfähige Gefühle entwickelt werden. Dieser Prozess der Stabilisierung währt laut Walschburger über die nächsten vier Jahre.

Was die Hormone angeht, spielen nun die Glückshormone Serotonin und Dopamin sowie das oben schon erwähnte Oxytocin eine größere Rolle. Von Letzterem wissen wir ja bereits, dass wir es auch als Bindungs- und Vertrauenshormon verstehen können. Es wird bei zärtlichen Berührungen und Sex sowie bei der Geburt und beim Stillen ausgeschüttet. Biochemisch ist die Liebe zum Kind und die Liebe zum Partner, ja auch die Liebe zu Freunden teilweise identisch.

Was die Gehirnregionen angeht, aktiviert langanhaltende Liebe einen gemeinsamen und ansonsten ganz unterschiedliche Bereiche, als sie im MRT bei Frischverliebten aufleuchten. Gemeinsam ist beiden der Nucleus accumbens, das Areal, das uns für befriedigtes Verlangen belohnt. Räumlich im Gehirn in seiner Nähe sitzt der ventrale Tegment (die „vordere Abdeckung"). Wir haben es hier mit Gehirnbereichen zu tun, die mit Ruhe und Gelassenheit verbunden sind und unser Zentrum für Freude bilden.

Kurz gesagt ist Frischverliebtheit wegen des Gyrus cinguli ein Zustand von unter anderem viel Erregung und Angst. Die alte Liebe dagegen ein Zustand von Ruhe und Sicherheit. Sie lässt uns also ein bisschen rosten – um mal das Sprichwort auf den Kopf zu stellen –, aber das ist auch gut so. Gerüchte besagen, dass eine Beziehung, welche diese Basis aufbauen konnte, ein Leben lang halten kann. Mit Vertrauen, Innigkeit, Zärtlichkeit. Gesehen haben wir das schon, erlebt leider nicht. Und dir geht es ja offensichtlich genauso. Deswegen beschäftigen wir uns jetzt mit dem, was von der Liebe übrigbleibt.

WIE DER LIEBESKUMMER VERSICKERT: OUTTA LUCK? LUCK OUT!

Bevor der Liebeskummer versickern kann, wird uns erst mal der Liebeshahn zugedreht. Von all den oben genannten Glücks- und Beziehungshormonen bekommen wir plötzlich nichts mehr. Und weil sich bei Frischverliebten und Langverliebten und sonstigen Drogenabhängigen dasselbe Gehirnzentrum – der Nucleus accumbens nämlich – weigert, uns trotz der nun ausbleibenden Befriedigung unserer Bedürfnisse zu belohnen, passiert auch bei beiden dasselbe: Wir gehen in den kalten Entzug. Man kann den Prozess, in welchem solche Erfahrungen von den vielen Betroffenen verarbeiten werden, nur unter erheblichen Schwierigkeiten wissenschaftlich systematisieren. Die individuellen Voraussetzungen sind einfach zu unterschiedlich. Stattdessen stützen wir uns im Weiteren bewusst auf anekdotische Erfahrungen und einen wunderschön bissigen Kurzfilm von Jay Diaz, den du auf YouTube finden kannst.

„The 5 Stages after a breakup" von Jay Diaz:
https://youtu.be/mPGoUWtSNhc

Kurz, falls du zu denjenigen gehörst, die vielleicht gedacht haben, jetzt komme Elisabeth Kübler-Ross: Deren ebenfalls fünfstufiges Modell stand nicht nur methodisch von Anfang an in der Kritik, sondern wurde von Psychologen wie George Bonanno von der Columbia University in New York als allenfalls zu 10 % erklärungsrelevant erkannt. Außerdem spricht Kübler-Ross nicht über Trauer, sondern über das Sterben.

Und obwohl du dich gerade eventuell ein bisschen so fühlst: So weit ist es noch nicht. Glaub uns!

Viel eher erlebst du etwas aus der folgenden Wundertüte:

Schmerzphase

Okay, das ist erst mal ziemlicher Standard. Weiter vorne im Liebeskummer-Coaching hatten wir ja schon von Tränenseen und Taschentuchgebirgen geschrieben. Die übrigen Symptome, die mit Trauer verbunden sind: Appetitlosigkeit, Schlafstörungen, Herzrasen. Wenn es uns richtig erwischt, sind wir durch unsere Trauer völlig blockiert, sodass wir sogar manche Fähigkeiten verlieren – inklusive und am offensichtlichsten derjenigen zur Gefühlsregulation.

Ganz typisch ist deswegen, dass unsere Gefühle uns unvermittelt überschwemmen, auch wenn wir gerade durchgeatmet und gedacht haben, dass wir uns jetzt im Griff hätten. Nix war's.

Die oberste Regel in diesem Zusammenhang lautet aber ohnehin: Versuche bloß nicht, die Gefühle zu unterdrücken. Verarbeiten kannst du nur, was du auch zulässt. Unter Umständen ist erst mal eine Krankmeldung oder spontan eingereichter Urlaub angezeigt, denn unser leider unvermeidbarer Selbstauflösungsprozess verträgt sich nicht so gut mit dem Publikum am Arbeitsplatz.

Stattdessen besser geeignet:

BFFs. Nicht nur ist wissenschaftlich erwiesen, dass Menschen mit mehr und engeren Sozialkontakten Krisen wie Trauer insgesamt schneller überstehen. Die BFFs retten dich auch, wenn dein Liebeskummer dich ernsthaft einiger wichtiger Fähigkeiten beraubt, du das Teewasser in der Zuckerdose aufgegossen hast, Salbe auf der Zahnbürste klebt und Teile der Rettungspizza nur auf dem Umweg über den Teppich zu deinem Mund finden. Außerdem können sie dich mit Erste-Hilfe-Zubehör (Seite 1) ausstatten und dich so sehr mit Wein trösten, dass du am nächsten Morgen gar nicht mehr an Liebeskummer denkst, weil du einen Kater hast, mit dem du selbst in der Zombie-Apokalypse nicht auffallen würdest.

Ansonsten gilt:

Behandele dich selbst gut. Iss gesund. Bewege dich. Nachdem du dich in den Schlaf geweint hast, bleibe dort lang genug und auch nicht zu lange. Auch Duschen ist gesund. Weine zur Not dort und singe den alten Hit der Everly Brothers, den von Karel Gott bis a-ha alle gecovert haben: „Crying in the rain".

Sobald du etwas zu Atem kommst, erinnere dich daran, was du oben über Liebe gelernt hast: Sie ist einfach eine erlernte Verbindung zwischen hormonellen Prozessen und einer Person, die wir unglücklicherweise mal etwas zu rosa gesehen und deswegen idealisiert haben. S. J. E. Langeslag und M. E. Sanchez haben 2018 in einer Studie belegt, dass wir unseren Liebeskummer am besten bewältigen können, indem wir die alte Art, über diese Person zu denken, dauerhaft durch eine neu erlernte ersetzen:

Bislang – und im ersten Moment ist das sicherlich normal – hast du deinen Schmerz mit Gedanken an all die tollen Dinge geschürt, die du nun nie wieder haben wirst. Nimm dir stattdessen Zettel und Stift und schreibe eine Liste all der Dinge, die schlecht waren. Die Nostalgie setzt uns nämlich gerne wieder eine rosa Brille auf. Auf deine Liste schreibst du stattdessen all das, was diese Brille verbergen möchte. Tue das täglich – schließlich möchtest du deine bisherige Art zu denken genauso loswerden wie den Liebeskummer! Nebenbei hält dich das auch davon ab, zurückzugehen und dieselben Fehler zu wiederholen.

Ablenkungsphase

Zur Ablenkung tut es alles. Man kann ja nicht traurig sein, solange man beschäftigt ist. Schmeiß dich in die Arbeit, tritt endlich dem Bogenschützenverein bei, lass dich mal wieder von den BFFs in Kneipe oder Club schleppen – aber von dort noch nicht abschleppen. Das kommt später.

Sogar für den ganzen sogenannten Pärchenkram – diese Unternehmungen, die alleine keinen so großen Spaß machen – kannst du dich ebenso gut mit jemandem aus deiner Clique verabreden. Vom Versuch, auf diese Weise Rituale aufrechtzuerhalten, denen du hinterhertrauerst, solltest du aber absehen: Das mag im Trauerfall sinnvoll sein, um sich Verstorbenen nahe zu fühlen. Nach einer Trennung ist es für dich jedoch besser, dich neu zu orientieren – vor allem, weil wir ja gerade in der Ablenkungsphase sind, remember?

Eine Bemerkung noch: Bleibe dir bewusst, dass Ablenkung vom Schmerz den Schmerz nicht beseitigt. Ganz im Gegenteil ist sie sogar gefährlich, weil sie dich von der Verarbeitung selbst ablenkt. Zu viel Ablenkung ist Verdrängung. Und dann kommt letztlich alles wieder hoch. Die schon erwähnten Psychologen Langeslag und Sanchez bezeichnen Ablenkung beim Kämpfen gegen Liebeskummer dementsprechend als kurzfristig zwar effektiv, als langfristig aber total nutzlos.

Und um das noch dazu zu sagen, weil man sein Suchtzentrum ja auch mit anderen Sachen traktieren kann, um vom kalten Dopaminentzug abzulenken. Rauchen und Trinken etc. wirken zwar kurzfristig ebenfalls effektiv. Langfristig sind sie lediglich eine dürftige Selbstmedikamentierung als Ersatz für die Verarbeitung von Gefühlen.

Versuchsphase

Nun willst du endlich wieder mehr! Nach drei bis sechs Monaten ist man im Schnitt zwar nicht unbedingt gleich bereit für eine neue Beziehung, aber für neue Menschen definitiv. Auch Sex wäre vielleicht mal wieder was.

Swipen. Matchen. Flirten. Ein bisschen unverbindlich daten. Sich vielleicht spontan abschleppen lassen. Das ist willkommene Abwechslung für dein dopamindurstiges Hirn und dein Selbstwertgefühl. Außerdem kannst du dich so ein bisschen ausprobieren und vielleicht neu entdecken.

Pass allerdings trotzdem auf dich auf: **Da ist wahrscheinlich noch mehr Verletzlichkeit aus dem Liebeskummer zurückgeblieben, als dir bewusst ist.** Der legitime (und vielleicht notwendige) Plan, es mit dem absoluten Gegenteil des letzten Beziehungsanlaufs zu versuchen, könnte da ein Hinweis sein. Das sind ein paar weitere:

Wenn ihr guten Sex habt, aber nichts zu reden. Wenn du wenig Zeit hattest, dich wirklich mit dem auseinanderzusetzen, was du erlebt hast und was du daraus für dich lernen kannst.

Wenn deine Gedanken weg von allen Menschen, mit denen du etwas haben könntest, wieder in die Vergangenheit zurückschwenken, statt in die Zukunft. Überhaupt: Wenn ihr nicht über eine gemeinsame Zukunft sprecht. Wenn ihr euch ungewöhnlich schnell näherkommt. Wenn du instinktiv merkst, dass du es nicht mit echtem Beziehungsmaterial zu tun hast, das deine Wunschliste erfüllt (Seite 198).

Anders gesagt: Wenn ihr nichts zu reden habt, aber dafür guten Sex, hab guten Sex, doch lass dich nicht auf eine Rebound-Beziehung ein. Um wieder auf die Füße zu kommen (englisch: to rebound), ist ein Fling besser als eine Beziehung.

Die Wiederbegegnung

Die Wiederbegegnung ist keine Phase, sondern eine Katastrophe. Unerwartet wieder dem Menschen gegenüberzustehen, der dir die ganze Liebeskummerscheiße überhaupt erst eingebrockt hat, ist immer ein Schlag ins Kontor – egal, wie gut du das alles schon verarbeitet hast.

Trotzdem ist die Wiederbegegnung zugleich ein guter Gradmesser für deinen Fortschritt: Im Idealfall bleibt dir die Rückzugsphase erspart. Falls nicht, ist das jedoch weniger schlimm, als es sich mit Sicherheit anfühlt.

Rückzugsphase

This sucks. Dabei warst du beinahe so weit! Spätestens in dieser Phase hast du wichtige Erkenntnisse: Man kann beispielsweise weinen und singen gleichzeitig. Wirklich.

Ansonsten gilt hier vieles aus den vorherigen Phasen immer noch: Bleib gesund. Schlaf genug – starke Gefühle sind anstrengend! Pflege deine Freundschaften. Gehe unter Menschen. Das beschleunigt die Verarbeitung deines Liebeskummers. Soziale Bindungen helfen – wie man festgestellt hat – sogar Ratten bei der Überwindung ihrer Heroinabhängigkeit. Dann klappt das bei dir sicherlich mit dem Liebeskummer.

Werde auch in dieser Phase nicht zum Orang Utan, der sich noch an die eine Liebe klammert, während er nach der nächsten Liane greift. Solange du deine Emotionen verarbeitest, bist du nicht wirklich bereit für eine neue Beziehung. Das Gefühl, dass du jemanden brauchst, weil du nicht alleine sein kannst, ist da ein gutes Warnzeichen! Eine Beziehung wird dich niemals vor der Welt, deinen Problemen oder dir selbst retten.

Sollten dich solche Gedanken quälen, möchten wir dir empfehlen, dir professionelle Hilfe – zum Beispiel in Form einer Therapie – zu suchen. Frage einfach in deiner allgemeinmedizinischen Praxis nach.

Ein Hinweis noch: Wie andere negative Gefühle oder Trauer kann Liebeskummer in den dunkleren Monaten des Herbstes und Winters von ganz alleine wieder hochkommen. Er vergeht aber wieder und bald endlich auf Nimmerwiedersehen.

Selbstliebe

Selbstliebe ist keine Phase. Sie ist vielleicht ein idealer Zustand, den man irgendwann mal erreicht.

Nimm die hinter dir liegende Erfahrung als Lehrstück. Finde neue Ziele. Finde dich selbst. Drehe dich um dich selbst und deine Interessen statt um andere. Du brauchst nicht wirklich eine Beziehung. Echt nicht. Und keine Beziehung ist besser als eine schlechte.

Sich selbst zu lieben, ist keine Voraussetzung für irgendwas. Du kannst ohne Selbstliebe einen anderen Menschen lieben, obwohl das Sprichwort was anderes behauptet. Bei dir selbst anzukommen, macht nur manches leichter.

So wünschenswert Selbstliebe daher ist, so schwer kann der Weg dorthin sein. Manche schaffen es nie, vor allem weil sie nicht wissen wie. Deine momentane Lage, der Scherbenhaufen alter Träume, vor dem du stehst und der dich dazu zwingt, vieles zu hinterfragen, kann aber ein guter Startpunkt für diese Reise sein.

Den eigenen Wert erkennen. Die eigenen Unsicherheiten akzeptieren. Eine Form von Glück mit dir selbst finden. Und dann vielleicht eines Tages …

Liebeskummer-Rezepte

Wenn du nicht nur (vegane) Sprühsahne und Kekskrümelreste aus der Dose frustessen willst, dann back dich glücklich!

Ganz nebenbei kannst du deinen Ex die Fische grüßen lassen oder ihn ein bisschen mit Nadeln piesacken – und dir zur absoluten Krönung einen erfrischenden Smoothie gönnen!

LEGENDE

= Zubereitungszeit

= Backzeit

= Wartezeit | Abkühlzeit

EX

Nimm das!

Vegane Voodoo-Kekse

Nimm das, Ex! Und das auch! Und du nimm dir einen Keks! Warum nicht einfach mal leckeren Keksteig zweckentfremden und ein bisschen gemein-kreativ werden? Backen auf eigene Gefahr! 😉

ca. 30–40 Stck. | 30 Min. | 10 Min. | 60 Min.

Für die Plätzchen:

300 g Weizenmehl
200 g vegane Margarine, zimmerwarm (z. B. Alsan BIO)
100 g Puderzucker
1 Pck. Vanillezucker
1 Prise Salz
1 Portion Liebe ❤️

Außerdem:

Zuckerstifte, Perlen
Dead Ex-Schablone oder Ausstechform

ANLEITUNG:

1. Sieb dein Mehl in eine große Schüssel und füg anschließend den Puderzucker, den Vanillezucker und das Salz hinzu und vermisch alles miteinander.

2. Gib nach und nach die zimmerwarme Margarine hinzu und verknet alles mit den Händen zu einem geschmeidigen Teig.

3. Form deinen Teig zu einer Kugel, wickel diese in Frischhaltefolie und leg sie für eine Stunde in den Kühlschrank.

4. Heiz deinen Backofen auf 180 °C O/U vor.

5. Bestreu deine Arbeitsfläche mit Mehl und roll den Teig etwa 5–6 cm dick aus.

6. Nun kannst du deine Kekse ausstechen oder freihändig entlang einer Schablone mit einem scharfen Messer ausschneiden.

7. Leg dein Backblech mit Backpapier aus und platzier die Kekse vorsichtig mit genügend Abstand darauf.

8. Back alles im vorgeheizten Ofen für ca. zehn Minuten.

9. Lass anschließend deine Voodo-Kekse gut abkühlen und tob dich fies-kreativ mit Zuckerstiften und Perlen o. ä. aus!

10. Solch kleine Vodoo-Ex-Puppen brauchen natürlich Nähte, Knöpfe, Augen und Haare – und alles, was du sonst noch so möchtet.

11. Dann? Genieß deinen Ex! So zuckersüß hat er garantiert noch nie geschmeckt. Vielleicht zuerst nur mit einem Arm oder einem Bein beginnen? Oder ihm besser gleich den Kopf abbeißen?

Blumen für dich!

Apfel-Rosen-Muffins

Schenk dir doch einfach mal selbst Blumen! Aber wozu solche kaufen, die schnell verwelken? Liebeskummer tut weh und Rosen fallen nicht vom Himmel – das wissen wir alle. Wie wäre es also mit ein bisschen gebackenen Blumen für dich selbst? 😉

ca. 6 Stück | 20 Min. | 25–30 Min.

Für den Teig:

1 Rolle veganer Blätterteig
2 rote, süße Äpfel
2 EL Zimt
2 EL Zucker
Etwas Zitronensaft
Etwas Wasser
1 Portion Liebe ❤️

Außerdem:

ein Muffinblech
etwas Puderzucker oder Glitzerschnee zum Bestreuen

ANLEITUNG:

1. Wasch und viertel deine Äpfel, entkern und schneid diese in feine Spalten.

2. Gieß etwa zwei Gläser Wasser (ca. 500 ml) zusammen mit einem Spritzer Zitronensaft in einen Kochtopf.

3. Gib deine Apfelscheiben hinzu und lass alles kurz sprudelnd aufkochen. Dann kannst du die Äpfel etwa zwei Minuten darin köcheln, abschütten und zum Abkühlen beiseitestellen.

Tipp: Die Apfelscheiben sollten weich und biegsam sein, aber nicht zerfallen.

4. Heiz nun deinen Backofen auf 180 °C Umluft vor.

5. Nimm deinen Blätterteig, roll ihn aus und schneid ihn der Länge nach in ca. 4 cm breite Streifen.

6. Misch deinen Zimt mit dem Zucker und bestreu deine Teigstreifen damit.

7. Beleg deine Teigstreifen mit den Apfelspalten. Dabei sollten alle Spalten in eine Richtung und leicht über den Teig spicken.

8. Roll die belegten Teigstreifen von einem Ende aus so eng auf, dass der Blätterteig dabei nicht zu sehr reißt.

9. Setz nacheinander deine fertig gerollten Röschen in die Form deines Muffinblechs.

10. Back deine Röschen bei 180 °C Umluft für ca. 25–30 Minuten goldbraun.

11. Lass sie anschließend ganz abkühlen und bestreu sie mit Puderzucker.

12. Genieß deine Blumen für dich selbst! 😉

Selbst dornige
Rosen schmecken
süßer als so
manche Wahrheit.

Grüß' die Fische! Betonstiefelkuchen

(funktioniert auch ohne authentische Anleitung der Mafia)

„Grüß' die Fische! Denn mit deinen neuen Betonstiefeln wirst du auf jeden Fall genügend Zeit dafür haben!" Du hattest solche Gedanken, in denen dein Ex im Fluss versinkt, schon mal? Dann „verbacke" doch deine Wut einfach in einem leckeren Kuchen. Damit machst du dich auch nicht strafbar – der Kuchen schmeckt höchstens verboten, aber super lecker. 😉

ca. 10 Stück | 2 x 30 Min. | 2 x 50 Min.

Für den Schuh:
- 300 g Weizenmehl
- 150 g Rohrohrzucker
- 2 EL Maisstärke
- 1 TL Zitronenschalenabrieb
- 1 Pck. Backpulver
- 300 ml Pflanzenmilch
- 120 ml Rapsöl
- 1 EL Apfelessig
- 1 TL Vanilleextrakt
- 100 ml Sprudelwasser

Optional:
- Lebensmittelfarbe
- 1 Portion Liebe ❤️

Für den Kuchen:
- 300 g Weizenmehl
- 180 g Rohrohrzucker
- 50 g Backkakao
- 2 EL Maisstärke
- 1 Pck. Backpulver
- 1 Prise Salz
- 50 g gemahlene Mandeln
- 300 ml Pflanzenmilch
- 100 ml Rapsöl

Außerdem:
- kleine Kastenform (ca. 20 cm)
- etwas Margarine für die Form
- etwas Mehl oder Semmelbrösel für die Form
- etwas Puderzucker zum Bestreuen
- Keksausstecher Schuh-Form

ANLEITUNG:

Um unsere Schuhe zu versenken (oder was auch immer du in deinem Kuchen versenken und je nachdem, welche Ausstecher du grade nutzen möchtest), brauchst du nun zweierlei Teig:

INNERER TEIG FÜR SCHUHE:

1. Heiz deinen Backofen auf 180°C O/U vor und fette deine Kastenform ein. Streu sie anschließend mit etwas Mehl oder Semmelbröseln aus.

2. Nimm eine Schüssel und vermisch darin das Mehl, den Rohrohrzucker, die Maisstärke, die Zitronenschale und das Backpulver.

3. Gib nun in eine weitere Schüssel deine Pflanzenmilch, das Rapsöl, den Apfelessig, das Vanilleextrakt und das Sprudelwasser. Vermisch alles gut miteinander und füg Lebensmittelfarbe nach Wunsch hinzu.

4. Gib nun deine trockenen Zutaten unter Rühren nach und nach zu deinen flüssigen.

5. Gieß deinen Teig nun in die vorbereitete Kastenform und back den Kuchen ca. 50 Minuten im Ofen.

6. Ist der Kuchen anschließend vollständig abgekühlt, kannst du ihn aus der Form lösen und vorsichtig in Scheiben schneiden. Stich nun mit dem Ausstecher deiner Wahl die Kuchenscheiben aus und leg sie zur Seite. Der Rest des Kuchens ist zum Naschen freigegeben.

ÄUSSERER TEIG:

7. Präparier erneut deine Kastenform wie im ersten Rezeptteil beschrieben.

8. Gib alle deine trockenen Zutaten zusammen in eine Schüssel und vermisch sie.

INNERER TEIG:

ÄUSSERER TEIG:

9. Vermeng erneut alle flüssigen Zutaten in einer zweiten Schüssel und rühre in dieser wieder nach und nach deine trockene Mischung unter.

10. Füll nun etwa 1/3 deines Teigs in die Kastenform. Schichte nun deine kleinen „Schuhe" in der Mitte des Teigs eng aneinander.

11. Gib jetzt vorsichtig den Rest des Teigs darüber.

12. Back deinen Kuchen nun erneut für etwa 50–60 Minuten bei gleicher Hitze.

13. Lass den Kuchen nach dem Backen und vor dem Stürzen vollständig auskühlen.

14. Nach Wunsch kannst du vor dem Servieren noch etwas Puderzucker oder Glitzerschnee darauf streuen.

Guten Appetit! 😉

Du
bist mein
BACKFISCH
an der Angel.

Eiscreme geht immer!

Oder lieber Nicecream?

Eis geht immer! Eis ist der perfekte Tröster! Aber was ist noch besser als Eiscreme? Natürlich Nicecream! Und die dann auch noch selbst gemacht? Fantastisch! 😉

1 Pott Eis | **20 Min.** | **100 Min.**

Für die Nicecream:

400 g gefrorene Bananen
30 g Zartbitterschokolade
1 EL Kokosöl
1 TL Vanilleextrakt
3 EL Erdnussbutter
1 EL Ahornsirup
2 EL Mandelmus
40 g Haselnüsse
1 Portion Liebe ❤️

Außerdem:

Standmixer oder Pürierstab
1 Dessertglas für Eis

ANLEITUNG:

1. Schäl deine Bananen und schneid sie in Scheiben. Diese lässt du für ca. eine Stunde im Tiefkühlfach einfrieren.

2. Hack deine Zartbitterschokolade klein und lass sie zusammen mit dem Kokosöl über einem Wasserbad vollständig schmelzen.

3. Nimm nun deine Bananen aus dem Tiefkühlfach und lass sie 5–10 Minuten antauen.

4. Pürier nun die Bananen mit deinem Pürierstab oder im Standmixer so lange, bis sie cremig werden.

5. Gib das Vanilleextrakt, die Erdnussbutter und den Ahornsirup hinzu und pürier die Masse noch einmal durch.

6. Gib die pürierte Bananenmasse in einen Pott und beträufel alles mit der flüssigen Schokolade und zwei Esslöffeln Mandelmus.

7. Vermisch alles mit einer Gabel zu einem schönen Muster und gib anschließend die Haselnüsse drauf.

8. Du kannst die Haselnüsse vorab auch noch etwas zerkleinern, ganz je nachdem, wie groß deine Crunch-Stücke sein sollen.

9. Gib die Nicecream nun für mindestens 40 Minuten ins Gefrierfach.

Tipp: *Du kannst dieses Rezept nach Geschmack abwandeln. Obst und Früchte oder Streusel schmecken toll! Deine Basis sind hier immer die gefrorenen Bananen.* 😉

Hallo Prince Charming!

Vergiss den dummen Gaul.
Komm mit dem Eiswagen.

Liebe geht durch den Magen!

Leckeres veganes Magenbrot

Magenbrot – ein nicht sehr appetitlicher Name für etwas, das sehr lecker ist. Und weil man ja sagt, Liebe geht durch den Magen, schlagen wir da doch einfach die Brücke ... und uns eben den Magen voll: mit leckerem veganen Magenbrot wie vom Weihnachtsmarkt. 😉

ca. 30–40 Stck | 30 Min. | 2 x 20 Min. | 60 Min.

Für den Teig:

150 g Rohrohrzucker
150 g Ahornsirup
2 EL Wasser
80 g Orangeat
500 g helles Vollkornmehl
2 EL Backkakao
1 TL Lebkuchengewürz
1 TL Zimt
130 ml Pflanzenmilch
1/2 TL Natron
1 TL Vanilleextrakt
1 Portion Liebe ❤️

Zuckerguss:

200 g Zucker
80 ml Wasser
1 TL Zitronensaft
1 TL Kakaopulver

ANLEITUNG:

1. Nimm einen kleinen Kochtopf, gib dort den Rohrzucker, den Ahornsirup und das Wasser hinein und erwärm alles kurz auf mittlerer Hitze. Die Mischung sollte nicht kochen.

2. Hack das Orangeat so fein wie möglich und gib es hinzu, sobald sich der gesamte Zucker aufgelöst hat. Nimm den Topf anschließend vom Herd.

3. Gib nun das Mehl in eine Rührschüssel und vermisch den Backkakao, die Gewürze und das Vanilleextrakt damit.

4. Erwärm deine Pflanzenmilch in einem kleinen Topf, bis sie lauwarm ist und lös das Natron darin auf. Gib die Mischung nun zu der Zuckerlösung in den anderen Topf hinzu.

5. Nimm jetzt deine Mehlmischung und füg diese unter Rühren nach und nach vollständig zu der flüssigen Masse hinzu, bis ein glatter Teig entsteht.

6. Im Idealfall hat der Magenbrotteig jetzt über Nacht Zeit, sich bei Zimmertemperatur zu entspannen. So können sich die Gewürze am besten entfalten. Falls die Zeit nicht gegeben ist, reicht aber auch eine Stunde.

7. Heiz nun deinen Backofen schon mal auf 175 °C O/U vor und leg zwei Backbleche mit Backpapier aus.

8. Knet nun deinen Magenbrotteig einmal kräftig mit den Händen durch und teil ihn anschließend in sechs gleich große Portionen auf.

9. Form aus jeder Teigportion eine gleich große Rolle etwa in der Länge deines Backblechs.

10. Setz nun jeweils drei Rollen mit genügend Abstand auf ein Backblech und drück sie ein wenig flach.

11. Back die Rollen nacheinander für ca. 20 Minuten im vorgeheizten Ofen.

12. Währenddessen kannst du deinen Zuckerguss schon einmal vorbereiten: Nimm dafür einen kleinen Kochtopf und misch darin den Zucker, das Wasser und den Zitronensaft.

13. Lass alles kurz sprudelnd aufkochen und lass die Mischung dann ca. zwei Minuten weiterköcheln.

14. Nimm nun den Topf vom Herd und rühr vorsichtig das Kakaopulver mit einem Schneebesen unter.

15. Schneid deine noch warmen Kuchenrollen mit einem scharfen Messer in die typische Magenbrotform.

Setz das Messer dafür schräg an und schneid etwa drei Zentimeter breite kleine Rauten.

16. Anschließend können die kleinen Rauten ein Bad im Zuckerguss nehmen.

17. Lass alle Magenbrotstücke auf einem Gitter vollständig abkühlen. Bestreu sie nach Belieben noch mit etwas Puderzucker.

Wohl bekomm's 😉

zu den
Himbeeren
wüste
2.0

Schick ihn in die Wüste!

Sandkuchen mit Himbeeren

Ab in die Wüste mit ihm! Den guten Sand (-Kuchen) backen wir lieber für uns! Ein bisschen Selbstliebe darf auch nicht fehlen; warum backen wir nicht also einfach ein paar süße Himbeeren nur für uns mit rein? 😉

ca. 8 Stück | **15 Min.** | **40 Min.**

Für den Kuchen:

120 g vegane Margarine (z. B. Alsan BIO)
120 g Zucker
1 TL Vanilleextrakt
1 EL Zitronenschalenabrieb
2 EL Sojamehl
8 EL Wasser
80 g helles Vollkornmehl
1 TL Backpulver
40 g Speisestärke
120 g TK-Himbeeren
1 Portion Liebe ❤️

Außerdem:

Kastenform (ca. 20 cm)
etwas Margarine für die Form
etwas Mehl oder Semmelbrösel für die Form
Puderzucker zum Bestreuen

ANLEITUNG:

1. Heiz zuerst deinen Backofen auf 170 °C O/U vor, fette deine Kastenform ein und streu sie anschließend mit etwas Mehl oder Semmelbröseln aus.

2. Gib deine Margarine in einen kleinen Kochtopf und lass sie bei kleiner Hitze schmelzen. Stell den Topf anschließend vom Herd und lass die Margarine etwas abkühlen.

3. Gib nun den Zucker, das Vanilleextrakt und die Zitronenschale hinzu und vermisch alles miteinander.

4. Nimm eine kleine Schüssel oder Tasse und verrühre dort das Sojamehl und das Wasser mit einer Gabel zu einer cremigen Masse.

5. Füg nun deine Sojamehl-Mischung ebenfalls dem Topf hinzu.

6. Vermisch in einer weiteren Schüssel das Mehl zusammen mit dem Backpulver und der Speisestärke und rühr es ebenfalls nach und nach unter deine Butter-Mischung.

7. Bestäub deine gefrorenen Himbeeren mit einem Teelöffel Mehl.

8. Gib nun die Hälfte deines Teigs in die Kastenform verteil den großen Teil deiner Himbeeren darauf, füll den restlichen Teig auf.

9. Der Kuchen darf nun für ungefähr 50 Minuten in den Ofen.

10. Garnier den fertigen Kuchen mit den übrigen Himbeeren und Puderzucker als Wüstenstaub.

11. Genieß deinen Sandkuchen, ganz ohne Knirschen zwischen den Zähnen!

GNORIERT
Zu den Himbeeren war gestern.
HEUTE geht's in die Wüste 2.0.

Schokolade gegen Kummer!

Schokoladentorte für gebrochene Herzen

Schokolade heilt gebrochene Herzen – man muss ihr nur genügend Zeit dafür geben. 😉

ca. 12 Stück | 30 Min. | 40–50 Min. | 50 Min.

Für den Teig:

200 ml Pflanzenmilch
70 g vegane Margarine, weich (z. B. Alsan BIO)
150 g Rohrohrzucker
1 EL Apfelessig
70 g Apfelmus
2 TL Vanilleextrakt
200 g Dinkelmehl, Typ 1050
50 g Backkakao
3 TL Backpulver
1 Prise Salz
1 Portion Liebe ❤️

Für das Frosting:

1 Dose Kokosmilch, Vollfett
180 g Zartbitterschokolade, gehackt
30 g Puderzucker

Außerdem:

Springform (ca. 20 cm)
etwas Margarine für die Form

ANLEITUNG:

1. Heiz zuerst deinen Backofen auf 180 °C O/U vor und fette deine Form ein.

2. Gib die Pflanzenmilch, die weiche Margarine und den Zucker in eine Schüssel, schlag alles auf und füg den Apfelessig, den Vanilleextrakt und das Apfelmus hinzu. Rühr alles gut unter.

3. Gib in eine separate Schüssel das Mehl, den Backkakao, das Backpulver und das Salz und vermisch alles.

4. Rühr nun die Pflanzenmilchmischung langsam unter, bis ein glatter Teig entsteht.

5. Gib deinen Teig in die vorbereitete Form und back alles für ca. 40–50 Minuten im Ofen.

6. Weiter geht es mit dem Frosting: Gib dafür die Kokosmilch und die Schokolade in einen Topf und erhitz alles langsam unter gelegentlichem Rühren.

7. Füg nun noch den Puderzucker hinzu und lass alles abkühlen.

8. Nimm deinen Kuchen aus dem Ofen. Gib das Frosting direkt auf den Kuchen, solange er noch in der Form ist. Lass nun den Kuchen für ca. zwei Stunden im Kühlschrank fest werden.

9. Garnier deinen Kuchen anschließend mit etwas Obst oder Blüten. So oder so – ein absolut toller Tröster!

Anti-Liebeskummer-Trunk!

Gesunder Beeren-Hafer-Smoothie

Eine absolute Geheimwaffe ist dieser Anti-Liebeskummer-Trunk! Du kannst damit deinen Liebeskummer runterspülen und dich danach zumindest physisch in einer besseren Verfassung fühlen! 😉

1–2 Gläser | **15 Min.** | **15 Min.**

Für den Smoothie:

100 g TK-Beerenmix
4–5 Stück Ananas, gefroren
1/2 Mango
1/2 Banane
1 EL feine Haferflocken
1 EL Ahornsirup
200 ml Orangensaft
1 Portion Liebe ❤️

Außerdem:

Hochleistungsmixer

ANLEITUNG:

1. Gib deine gefrorenen Beeren, sowie die Ananas, die Mango und die Banane in deinen Hochleistungsmixer.

2. Füg noch die Haferflocken, den Ahornsirup und den Orangensaft hinzu und lass alles fein pürieren.

3. Füll ein großes Glas mit deinem Smoothie.

4. Als Topping kannst du noch Ananas, Banane oder Beeren auf dem Smoothie garnieren. Austrinken – gut fühlen! 😉

EVER AFTER

Wie die nächste Liebe in Erfüllung geht!

EINLEITUNG

Schön, dass du dieses Kapitel aufschlägst. Aus zwei Gründen: Wenn du dich erstens mit dem Gedanken an eine nächste Beziehung beschäftigst, heißt das hoffentlich, dass du schon aus dem schlimmsten Liebeskummerloch heraus bist! Und zweitens ist es schön, dass wir dich auch auf diesem Weg begleiten dürfen.

Die Frage, wie die nächste Liebe in Erfüllung gehen soll, hat zwei Antworten: mit welchem Menschen dich diese Liebe verbinden soll und wie eine Beziehung dauerhaft vital bleiben kann.

Ecce Homo

Für die Wahl der richtigen Person können wir dir unten als Erstes ein paar allgemeine Kriterien geben. Wie du beim Lesen dort aber gleich feststellen wirst, haben solche One-Size-Fits-All-Modelle einen riesigen Nachteil. Wenn du mit diesem Glaspantoffel losziehst, wird er einfach jedem Aschenbrödel passen.

Weil das allein noch nicht wirklich hilfreich für dich ist, zeigen wir dir danach einen Zauberspiegel, der dir erklärt, warum du bislang nur Frösche geküsst hast, sich aber keiner in eine eierlegende Wollmilchsau verwandelt hat. (Spoiler: Das ist kein Märchen; du sollst keine Frösche küssen und keinen Traumbildern hinterherjagen. Der richtige Mensch reicht völlig.)

Und um von den Märchen wegzukommen, führen wir dich danach ins Reich des griechischen Mythos um Narziss. Nach diesem Jüngling sind die Narzissten benannt – die Art von fleischgewordener Beziehungsfalle, die sich nach dem Kuss in einen Albtraum verwandelt.

Happily Ever After

Dann kommt der wirklich schwierige Teil jeder Liebesgeschichte, vor dem jede Liebesgeschichte einfach aufhört: Wie bleibt man happy, wenn das Ever After so voll von Stolpersteinen ist?

Wie, wenn erst der Rosafilter von der Brille bröselt, dann das Schreckgespenst des Alltags einzieht, die Liebe vom ersten Streit erste Verletzungen zurückbehält – und man sich am Ende von allen Dingen ausgerechnet über einen Zahnpastadeckel streiten muss! Wir zeigen dir, wie ihr für die neue Beziehung eure Ohren richtig putzen könnt (keine Wattestäbchen!) und welcher Lippenbalsam euren Mündern richtig schmeichelt!

PER ANHALTER INS EVER AFTER

Daumen raus

Die Suche nach der richtigen Begleitung für dein Liebesabenteuer ist tatsächlich ein bisschen, wie per Anhalter unterwegs zu sein (das Bild ist etwas antiquiert – aber ob Mitfahrzentrale oder Tinder macht nun auch keinen Unterschied): Auf ein Schild hast du geschrieben, wo es hingehen soll. Mit etwas Glück kommt ein Wagen vorbei, in dem noch Platz ist und der in deine Richtung fährt. Die Person am Steuer wird dein Schild sehen und hoffentlich mutig genug sein anzuhalten, um dir eine Chance zu geben. Und jetzt bist du dran.

Erinnerst du dich an die Zettel früher in der Schule? Mit den drei Antworten: „Ja", „nein", „vielleicht"? Die Situation ist ähnlich, nur lautet die Frage anders und die Antwort ist nicht so leicht. Statt nur zu fragen: „Willst du mit mir gehen?", heißt es dort: „Warum willst du (nicht) mit mir gehen?"

Das erstaunt dich? Dabei liest du dieses Buch doch, weil du entweder zuletzt zu einem Frosch oder vermeintlichen, aber falschen Wunderwesen „Ja" gesagt hast oder in ein Auto einsteigen wolltest, das besetzt war oder einfach weiterfuhr. Kurz: Du wolltest mitgehen. Es war nicht so prall. Deswegen sind wir jetzt hier.

Tatsächlich ist die Frage, warum wir mit jemandem eine Beziehung eingehen, abseits von Schmetterlingen und An- oder Ausgezogensein gar nicht so einfach zu beantworten. Es geht doch um die Liebe. Und die ist eben nicht rational. „Warum also nicht?", fragst du vielleicht. „Wer nicht wagt, der nicht gewinnt."

Bezogen darauf, dass es nicht nur das eine perfekte Gegenüber für uns gibt, mit dem wir seelenverwandt sind, sondern wir mit vielen das Ziel einer glücklichen Beziehung erreichen können, hast du recht. Es gibt ja sogar einen Bestseller, der unterstellt, dass ‚es egal ist, wen wir heiraten'. Aber gerade weil das so ist, müssen wir uns bei der Frage, mit wem wir diesen Versuch wagen wollen, mehr mit der Frage beschäftigen, was dagegen sprechen könnte. Du musst also nicht nur darauf achten, ob die Person bei dir die richtigen Knöpfe drückt, sondern auch, ob du mit ihr hinreichend viele (und die wichtigsten) Stellen auf deiner Wunschliste abhaken kannst. Und du solltest dir überlegen, warum deine Wunschliste so aussieht. Denn wenn du Glück im Liebeskummer hattest, war das jetzt diese eine Erfahrung, weil du dieser einmaligen Täuschung aufgesessen bist. Viele allerdings machen zu ihrem Unglück dieselbe Erfahrung wieder und wieder – und wissen nicht warum. Wenn du jedoch Pech im Liebeskummer hast, gehörst du auch zu den vielen, weißt aber – wie viele von den vielen – gar nicht, dass du immer wieder ins gleiche Auto einsteigst.

Der Grund für diese sich wiederholenden schlechten Erfahrungen ist in diesem Fall nämlich dein Beuteschema, dein Typ, das, was du attraktiv findest, worauf du anspringst und was dich einsteigen lässt. Es ist der Fehler auf deiner Wunschliste.

Die One-Size-Fits-All-Wunschliste

Früher, als Ehe noch das Ding, aber Scheidung nicht drin war, gab es die Redensart: „Drum prüfe, wer sich ewig bindet." Prüfen wir also mal deinen Wunschzettel im Vergleich zu einer Liste von Dingen, die unserer Meinung nach Voraussetzung für eine gelingende Beziehung sind.

Wie du gleich sehen wirst, kannst du manchem davon möglicherweise nicht oder nur eingeschränkt zustimmen. Bei anderem wirst du dich vielleicht fragen, warum du das in deiner oder deinen letzten Beziehung(en) nicht hattest. Beides hat dieselbe Ursache: One size does very much not fit anyone at all.

WUNSCHZETTEL

Das wünsch ich mir mit potentiellen Mitreisenden!	Ja	Nein	Vielleicht
Wir sind aufmerksam, hören einander zu und schätzen uns gegenseitig wert.	☐	☐	☐
Wir genießen die gegenseitige Anwesenheit und sonst vermissen wir einander.	☐	☐	☐
Wir akzeptieren und respektieren einander, wie wir sind, und wollen einander nicht ändern.	☐	☐	☐
Wir sind füreinander vertrauenswürdig und offen.	☐	☐	☐
Es ist uns wichtig, was wir jeweils denken und fühlen.	☐	☐	☐
Wir sind geduldig und rücksichtsvoll miteinander.	☐	☐	☐
Wir unterstützen einander bei unseren gemeinsamen und jeweils eigenen Zielen und freuen uns füreinander.	☐	☐	☐
Wir bringen ineinander das Beste hervor und helfen einander zu wachsen.	☐	☐	☐
Es ist uns wichtig, wofür wir uns jeweils interessieren.	☐	☐	☐
Wir können Konflikte ansprechen und zum allseitigen Vorteil lösen.	☐	☐	☐
Wir haben gemeinsame Ziele und Werte.	☐	☐	☐
Wir können jeweils eigene Fehler eingestehen und tragen uns nichts nach.	☐	☐	☐
Wir haben kein Problem damit, unterschiedlicher Meinung zu sein.	☐	☐	☐
Wir haben jeweils auch ein Leben für uns und gehören nicht einander.	☐	☐	☐

Ein paar dieser Dinge kann man leicht zustimmen: Wenn ich mich mit jemandem im Auto nicht wohl fühle, taugt die Person wohl kaum fürs Ever After. Und natürlich möchtest du als du selbst mit deinen Wünschen, Träumen, Bedürfnissen, Zielen, Eigenheiten und Schwächen wahrgenommen, akzeptiert und geliebt werden.

Andererseits könnte es dir schwerfallen, deine geheimen Bedürfnisse auszusprechen, oder offen über unerfüllte Wünsche zu sprechen. Du könntest erwarten, dass manche Dinge einfach in der Weise erledigt werden, die für dich die Richtige ist, ohne dass du dabei Kompromisse eingehen musst. Wieso sollte es Kompromisse dabei geben, wie viel Ordnung in der Wohnung beispielsweise herrscht? Wie sollst du außerdem das Beste in jemandem hervorbringen, zugleich aber akzeptieren, wie dieser Mensch ist, und ihn nicht ändern wollen?

Und dann diese Interessen: Musst du dich jetzt etwa auch für Sport, Kunst, Politik, Kräutergärten oder das MCU- oder CTU-Fandom – oder wie das heißt – interessieren? Muss dir wichtig sein, was der Kollege heute wieder falsch gemacht oder Unmaßgebliches von sich gegeben hat? Wir lassen diese Fragen einfach mal so stehen.

Jede Reise beginnt mit dem ersten Schrei

In der Psychologie wurde und wird viel darüber diskutiert, wie viele unserer Eigenschaften angeboren und wie viel erlernt ist. Sie geht unter dem Strich heute davon aus, dass etwas mehr angeboren als anerzogen ist. Das gilt natürlich auch für die Wahl der oder des Menschen, mit denen wir unser Leben bis ins Ever After verbringen wollen. Du erinnerst dich eventuell an Aussagen, wie dass es angeboren ist, dass wir symmetrische Gesichter als attraktiver empfinden, etc.

Auch einige soziale und kommunikative Fähigkeiten sind angeboren. Wir können beispielsweise ein Lächeln erkennen und erwidern, sind darauf vorprogrammiert, wie Aggression und Dominanzforderung vermittelt wird. Ansonsten ist Babys Festplatte aber ziemlich leer, wenn es seinen ersten Schrei tut.

Durch einen wahnsinnig spannenden Prozess, der Selbstschöpfung genannt wird, errichtet das Kind aus dem, was es erlebt und wie es das versteht, sein kognitives System. Es stellt Vermutungen an, welchen Spielregeln die Welt gehorcht, und testet sie. Es lernt, welche Verhaltensweisen seine Bezugspersonen zeigen und mit welchen es selbst möglichst wenig negative und möglichst viele positive Reaktionen bekommt.

Alles, was wir wissen, etwa über soziales Miteinander, Beziehungsmodelle und Rollenbilder, über Zuneigung und die Grenzen, die richtiges Verhalten von Misshandlung oder Missbrauch trennen, und über konstruktives Streiten, ja, darüber wie Liebe aussieht, lernen wir hier. Wir können nicht wissen, dass Liebe nicht an Bedingungen geknüpft sein darf, dass wir sie nicht verdienen müssen. Oder dass wir nicht dafür zuständig sind, unsere Bezugspersonen zu retten, indem wir alles Erdenkliche für sie tun.

Kinder haben keine Vergleichsmöglichkeiten. Oft bemerken sie erst als Erwachsene, dass da vielleicht irgendwas nicht gestimmt hat oder zumindest ganz schön schräg war. Wie missbräuchlich manche Verhaltensweisen der Erwachsenen in unserem Umfeld sind, die wir immer für normal gehalten haben, und wie tief sie uns vernarbt haben, verstehen wir vielleicht erst nach Jahrzehnten.

Alle spielen nach eigenen Regeln

Du erkennst natürlich sofort, dass die Dinge, die wir in dieser prägenden Zeit erlebt, erlernt und für völlig normal gehalten haben, entscheidend mitbestimmen, was wir auf unseren Beziehungswunschzettel schreiben und erwarten.

Umgekehrt gilt das genauso für die Verhaltensweisen, die wir unserem Gegenüber in einer Liebesbeziehung entgegenbringen können. Wer Respekt nicht erfahren und beobachtet hat, wird ihn nur schwer zeigen können. Wer gelernt hat, dass Fehltritte heftige Bestrafungen nach sich ziehen, wird voraussichtlich viel verheimlichen, statt Vertrauen zu zeigen.

Schlimmer noch: Wer gelernt hat, dass Männer hart sein und sich durchsetzen müssen, dafür aber keine Gefühle zeigen dürfen, wird diese Rolle toxischer Männlichkeit mit ziemlicher Sicherheit auch leben. Wer Gewalt als einzige Konfliktlösungsstrategie erlernt hat, wird sie mit hoher Wahrscheinlichkeit nutzen, weil er gar keine andere Strategie besitzt. Auch dies bringen Menschen mit in dann entsprechend toxische Beziehungen.

Spiel mit Wiederholungen

Es gibt viele Menschen, die immer wieder dieselben Probleme in Beziehungen (nicht nur im romantischen Sinne) erleben oder in dieselben toxischen Beziehungsmuster geraten. Das hängt ganz eng mit dem zusammen, was wir da als Kinder über uns selbst, die Rolle, die wir einnehmen sollen, und darüber, welche Spielregeln in Beziehungen gelten, gelernt haben.

Daraus ergeben sich – wie die amerikanische Psychologin Prof. Dr. Ramani Durvasula erläutert – gegebenenfalls zwei Probleme: Erstens haben wir vielleicht eine völlig falsche Auffassung davon, wie Liebe aussieht: Wir erwarten beispielsweise von echter Liebe, dass sie mit Drama, Wut, Verletzung und Tränen einhergeht, weil sonst die „Leidenschaft" fehle. Wir glauben selbstverständlich, dass es unsere Pflicht ist, andere zu retten. Oder wir finden es völlig normal, auf Distanz gehalten, mit Desinteresse gestraft und nur, wenn wir uns wirklich, wirklich als würdig erweisen, auch mal mit Zuneigung und einem bisschen Liebe belohnt zu werden.

Betroffene werden sich möglicherweise gezielt in entsprechende Beziehungen stürzen. Menschen, die ihnen gesündere Beziehungen und echte Liebe anbieten, empfinden sie eventuell sogar langweilig. Im Sinne unserer Anhalterfragen oben möchten Betroffene nicht mit einem von diesen gehen, gerade weil diese keine toxische Liebe bieten.

Zweitens wurden manche Betroffene in ihrer Kindheit und Jugend so lange heruntergemacht, entwürdigt und entwertet, dass sie sich selbst in der Tiefe ihres Herzens für unwürdig und nicht liebeswert halten. Sie erwarten also gar nichts anderes als fortgesetzte Misshandlung.

Es kann sogar passieren, dass Betroffene sich unbewusst gezielt in solche toxischen Beziehungssituationen begeben, um zu versuchen, in diesem neuerlichen Anlauf endlich nicht an der – missverstandenen und unerfüllbaren – Aufgabe zu scheitern, ihr geliebtes Gegenüber zufriedenzustellen und endlich anerkannt und wertgeschätzt zu werden.

Diese Wiederholung derselben Beziehungserfahrung muss übrigens gar nicht so offensichtlich sein. Man kann sogar in die Wiederholungsfalle tappen, wenn man gezielt versucht, das zu vermeiden, weil man das Muster durchschaut hat. Die amerikanische Psychiaterin Dr. Tracey Marks erzählt dieses Beispiel:

Ein Mann, der aufgrund seiner Kindheitserfahrung verinnerlicht hat, dass er und seine Leistungen einfach nicht gut genug seien, ist in einer Beziehung zu einer erfolgreichen Anwältin. Obwohl seine Partnerin ihn fair behandelt und er selbst auch nicht erfolglos ist, zerfressen ihn seine Gefühle von Versagen und mangelndem Selbstwert, weil er sich unterlegen und unwürdig fühlt. Die Beziehung zerbricht.

In der Folge versucht er, dem Problem ganz aus dem Weg zu gehen, und verbindet sich mit einer einfachen Büroangestellten – mit allerdings einem Hang zu Luxusartikeln. Diese konfrontiert ihn mit immer höheren Ansprüchen, die er immer weniger erfüllen kann. Seine Partnerin straft ihn mit Liebesentzug, bis auch diese Beziehung scheitert.

Es ist ihm also gelungen, sich wiederholt in eine Beziehung zu stürzen, die nach den Spielregeln seiner Kindheitserfahrung funktioniert: Er wird mit gefühlten oder tatsächlichen Anforderungen konfrontiert, denen gegenüber er gefühlt oder tatsächlich versagt.

Was lernen wir daraus über seinen Wunschzettel? In der ersten Beziehung mag die Partnerin alle Voraussetzungen für eine glückliche Beziehung mitgebracht haben. Aber es spricht – selbst wenn das aus Dr. Marks' Beschreibung nicht hervorgeht – viel dafür, dass es einen Mangel an Offenheit auf seitens des Mannes oder an konstruktiven Konfliktlösungsstrategien auf mindestens einer Seite gegeben haben mag.

Was lernen wir daraus über die Frage „Warum willst du mit mir gehen"? Auf beide Beziehungen hat er sich vermutlich eingelassen, weil sie ihm die aus der Kindheit bekannte Situation boten, sich beweisen zu können beziehungsweise zu müssen.

Verlieben nach Maß

Wir haben bislang gelernt, dass wir uns als Kinder unsere Vorstellungen von den Spielregeln der Welt, die Rolle, die wir darin spielen, und die Dinge, die auf unserem Beziehungswunschzettel stehen, aus dem Umfeld abgeleitet haben, in das wir zufällig geboren wurden. Leider gibt es „keine perfekten Eltern und auch keine perfekten Kindheiten", wie die Psychologin Stefanie Stahl feststellt. Beides hat sich in unseren Spielregeln, unseren Rollenbildern und auf unserem Wunschzettel niedergeschlagen. Das gilt für jeden von uns. Wir haben also alles andere als optimale Voraussetzungen. Immerhin: Wir wissen um den Wunschzettel. Vielleicht ist dir schon aufgefallen, dass du ihn nach jeder Beziehungserfahrung ein wenig umschreibst, vermutlich ein paar No-Gos ergänzt, und er dabei länger wird. Das ist hervorragend! Wenn du magst, kannst du bei der Überarbeitung deines Wunschzettels auch unser Muster zerpflücken: Frage dich, warum wir manche Dinge draufgeschrieben haben und wie sie sich auf die Liebenden auswirken.

Du wirst nicht in einer Stunde anhand einer Liste verändern, wer du bist, was dir wichtig ist und wie sich das auf dich auswirkt. Überlege dir, warum du so bist und warum dir etwas wichtig ist und ob wünschenswert ist, wie sich das auf dich auswirkt.

Nehmen wir noch mal das Beispiel der Person, die eine Beziehung zu einem wirklich liebevollen Menschen als langweilig empfindet und die will, dass auch richtig die Fetzen fliegen, dass geschrien, beleidigt und mit Geschirr geworfen wird, weil sie sonst das Gefühl hat, dass die Leidenschaft fehlt.

Das hängt zum Beispiel damit zusammen, wie sehr sich diese Person wertschätzt und, ob sie insgeheim glaubt, dass sie eine wirklich liebevolle Behandlung gar nicht verdient hat. Damit hätten wir eine Antwort auf die erste Frage, wer sie ist. Dass diese Person dieses Bedürfnis hat, hängt damit zusammen, dass sie als Kind die Spielregel erlernt hat, dass zur Liebe noch mehr starke Gefühle dazugehören: nicht nur die Zuneigung, sondern zudem vielleicht die Wut, Verachtung, Verletzung, die Verlustangst und schließlich die Versöhnung. Dies ist die Antwort auf die Frage, warum ihr diese missverstandene Leidenschaft wichtig ist. Die letzte Frage richtet sich darauf, wie sich die Erfüllung dieses Wunsches auf sie auswirkt.

Was meinst du?

Die Überlegungen zu deinem Wunschzettel haben zwei Ziele: Das Erste ist, dass du dir bewusst wirst, warum du in welches Auto einsteigen möchtest, und in der Lage bist, diese Entscheidung ebenso bewusst zu treffen. Du kannst dich – um ein anderes Beispiel zu machen – bei der Auswahl der potentiellen Mitreisenden ins Ever After von deinem Helferkomplex leiten lassen. Nichts spricht dagegen, solange du wirklich einverstanden damit bist, die Reise bis ins Ever After mit einer in der einen oder anderen Weise hilfsbedürftigen Person zu verbringen und die helfende Rolle zu spielen.

Das zweite Ziel ist, den Wunschzettel so anzupassen, dass du damit besser Maß nehmen kannst. Allerdings müssen wir uns auch hier eingestehen, dass auch der perfekte Wunschzettel nichts daran ändern wird, dass es keine perfekten Menschen gibt. Alle potentiellen Mitreisenden bringen den einen oder anderen Mangel mit. Das ist normal. Sie sind Menschen. So wie wir.

Immerhin: Wir haben dann einen Wunschzettel, den wir nutzen können. Wenn wir dort stehen, die Tür ist offen, und wir sehen uns genauer an, wer da hinter dem Steuer des Wagens sitzt, den wir zum Anhalten gebracht haben, hilft er uns, so vernünftig Maß zu nehmen wie möglich, bevor wir die rosa Brille aufsetzen.

(Eine Erklärung, warum unsere Vernunft versagt, wenn wir verliebt sind, findest du im Kapitel Liebeskummerpsychologie).

Urvertrauen und Bindungstyp

Urvertrauen ist ein schönes Wort. Vertrauen ist ja generell etwas Wertvolles, das ein Gegenüber – sei es ein Mensch, eine Organisation oder die Gesellschaft – in uns aufbauen kann. Jemandes Vertrauen zu gewinnen und Vertrauen in jemanden zu fassen, dauert Zeit – und hat Urvertrauen zur Voraussetzung.

Das Urvertrauen, das du hoffentlich besitzt, hast du in frühester Kindheit und überwiegend den ersten Lebensmonaten entwickelt, wenn du liebevolle, umsorgende und vor allem verlässliche Menschen um dich hattest, zu denen du eine langfristig stabile Verbindung aufbauen konntest. Leider erleben manche Säuglinge, Kleinkinder und Kinder das nicht. Sie haben daher nicht die Möglichkeit ein Urvertrauen aufzubauen, obwohl das entscheidend für eine angstfreie Interaktion mit ihrer sozialen Umwelt ist. Die Fähigkeiten, sich selbst zu lieben, Liebe anderer anzunehmen und Liebe zu geben, sind stark davon abhängig.
In Abhängigkeit davon, wie unsere Bindungsentwickung verlief und wie viel Urvertrauen wir fassen konnten, fallen wir in einen der drei von Mary Ainsworth – unter Verwendung von John Bowlbys Bindungstheorie – beschriebenen Bindungstypen (A-, B- und C-Typ). Cindy Hazan und Phillip Shaver stellten fest, dass Erwachsene sich diesen Typen noch ebenso zuordnen lassen. Mary Main ergänzte für Kinder den D-Typ, der sich mit einem entsprechenden vierten Typen in Verbindung bringen lässt, den Kim Bartholomew und Leonard Horrowitz für Erwachsene beschrieben haben.

Die **sichere Bindung (B-Typ)** erreichen etwa 50 % der Bevölkerung. Ihre Bezugspersonen waren feinfühlig, präsent und aufmerksam. Sie haben die kindlichen Signale richtig verstanden sowie angemessen reagiert. Diese Menschen haben ein positives Bild von sich selbst und anderen, neigen zu Offenheit, Vertrauen und Konfliktfähigkeit. Sie sind resilient, können traumatische Erlebnisse also tendenziell besser verarbeiten. Mit äußeren Anforderungen kommen sie gut klar und empfinden eher Sorge für andere als Stress für sich. In Beziehungen kommunizieren sie effektiv, haben keine Angst vor Nähe, können ihre Wünsche und Probleme ansprechen und sind dem Partner liebevoll zugewandt. Sexualität ist für sie mit Gefühlen verbunden. Sie können sich leichter aus negativen Beziehungen lösen.

Untersuchungen von Paarbeziehungen zeigen, dass schon eine sicher gebundene Person in der Partnerschaft reicht, um ein positives Miteinander zu erreichen.

Unsicher-vermeidende Bindung (A-Typ) entsteht, wenn die Kinder die Erfahrung machen, dass ihre Wünsche und Bedürfnisse eher auf Gleichgültigkeit oder Ablehnung stoßen. Häufig erleben sie noch mehr Zurückweisung, wenn sie emotionalisierter sind – etwa bei Trauer oder Angst. Sie lernen, dass ihnen weder Liebe noch Unterstützung zustehen.

Diese Menschen haben ein zwar positives Bild von sich selbst, aber ein negatives von anderen. Das heißt, sie vertrauen nur sich selbst. Um sich vor Enttäuschungen zu schützen, vermeiden sie enge Beziehungen oft gänzlich. So erhalten sie sich ein Gefühl von Unabhängigkeit und Unverletzlichkeit. Ihr Selbstwertgefühl können sie aus sich selbst heraus stützen. Positives Feedback von anderen benötigen sie nicht und reagieren auch zurückhaltend darauf. Ihre Gedanken und Gefühle teilen sie selten. Sie neigen eher zu Gelegenheitssex. Auf Probleme oder das Nähebedürfnis anderer reagieren sie eher mit Rückzug, wodurch sie kalt und abweisend wirken.

Eine Person mit vermeidender Bindungshaltung wird eine Beziehung eher selbst beenden, als zu riskieren, dass mit ihr schlussgemacht wird.

Die Bedürfnisse von Kindern, die eine **unsicher-voreingenommene Bindung (C-Typ)** entwickeln, haben manchmal Liebe und Zuwendung erfahren und wurden manchmal zurückgewiesen. Teils stillen die Bezugspersonen am Kind auch nur ihr eigenen Emotionsbedürfnis, sodass sie übergriffig oder überbeschützend handeln. Teils nutzen sie Liebesentzug als Strafe für das Kind.
Diese Menschen haben ein negatives Selbstbild, aber ein positives Bild von anderen. Ihr Verhalten in Beziehungen ist oft davon geprägt, dass sie etwas für ihr Gegenüber tun wollen oder glauben tun zu müssen, um deren Liebe wert zu sein. Das heißt, sie haben eine Neigung zum Helfersyndrom.

Manche suchen in Liebesbeziehungen auch eine Rettung für sich selbst, vor allem weil sie deren Zuneigung brauchen, um Selbstwert zu empfinden. Daher neigen sie zum Klammern, während sie große Angst vor Zurückweisung, Kritik und dem Verlassenwerden haben. Sie verlieben sich zwar leicht, sind aber auch sexuell eher zugänglich: wegen dieser Ängste oder aus Wunsch nach Bestätigung.

Situationen und Gesprächsäußerungen überanalysieren sie oft, übersehen interessanterweise aber trotzdem Warnzeichen für Probleme. Sie sind insgesamt darauf orientiert, die Bedürfnisse anderer über ihre eigenen zu stellen, und sind dadurch gefährdet, in toxische Beziehungen zu geraten, aus denen sie sich nur schwer befreien können.

Es ist leicht ersichtlich, dass Beziehungen zwischen Menschen mit unsicher-vermeidendem Bindungstyp einerseits und unsicher-voreingenommenem Bindungstyp anderseits ungute Selbstverstärkungsmechanismen haben: Die Person des voreingenommenen Typs wird in Krisensituationen mehr Nähe und Bestätigung suchen. Der vermeidende Typ wird darauf aber abweisend und mit Rückzug reagieren. In der Folge klammert die unsicher-voreingenommene Person noch mehr.

Schon dieses Beispiel zeigt, wie wichtig es ist, seinen eigenen Antrieb zu verstehen und von potentiellen Mitreisenden zu erkennen, bevor man sich auf die Autofahrt mit ihnen einlässt – nicht so sehr, weil eine solche Beziehung nicht möglich wäre, sondern weil sie eingebaute Hürden und Eskalationsspiralen aufweist, die man nur vermeiden kann, wenn man um sie weiß.

Der **ängstliche Bindungstyp (D-Typ)** entsteht durch traumatische Erfahrungen – etwa durch Misshandlung oder Missbrauch. Möglicherweise wird das Kind auch nur Zeuge der Gewalt ihrer Bezugsperson gegen andere. Problematisch für das Kind ist, dass oft die Person, von der Gefahr ausgeht, zugleich die Bezugsperson ist, die Schutz geben sollte. Auch erleben die Kinder, dass unvorhersehbar ist, welche Reaktion sie als Nächstes erleben. Dadurch verhalten sie sich selbst desorientiert.

Diese Menschen haben ein negatives Bild von sich und von anderen. Ihr eigenes Beziehungsverhalten ist oft von völlig widersprüchlichen Gefühlen getrieben: Sie suchen Nähe, ertragen sie aber nicht. Sie verletzen die Menschen, die sie lieben, wollen von diesen aber nicht verlassen werden, können ihnen aber auch nicht vertrauen. Dementsprechend ist auch ihr Verhalten widersprüchlich: Sie klammern und sind abweisend: „Ich hasse dich, verlass mich nicht", fasst das als Aussage vielleicht ganz gut zusammen. Ähnlich inkonsistent ist ihr Sexualverhalten: Sie können innigen Sex erleben, dabei jedoch plötzlich emotionslos werden. Sie neigen zu emotionslosem Gelegenheitssex und in einem gewissen Maß zu Sexsucht.

Eine Reihe ihrer Verhaltensweisen sind eine Mischung aus den unsicher-vermeidenden und unsicher-voreingenommenen Bindungstypen. Auch dieser ängstliche Typ läuft dementsprechend Gefahr, in missbräuchliche Beziehungen zu geraten.

Okay, das wurde jetzt zunehmend unerfreulich. Wichtig ist, denken wir, Folgendes: Mehr als die Hälfte der Menschen gehören zum sicheren Bindungstyp. Und wie wir schon gesagt haben, reicht eine solcher Person in einer Beziehung aus, um sie positiv für die Beteiligten zu gestalten und zu halten.

Buchtipps:

- *Warum wir uns immer in den Falschen verlieben (von Amir Levine und Rachel S. F. Heller)*
- *Ich bin o.k. – Du bist o.k. (von Thomas A. Harris)*

Außerdem muss festgehalten werden, dass alle Menschen Bindungen brauchen und von den oben beschriebenen Typen die meisten sich auch Beziehungen wünschen. Was nun das Verlieben nach Maß angeht:

- Je mehr du über dich weißt,
- je mehr du dem Impuls widerstehst, schon beim Flirten oder ersten Date dich nicht so darzustellen, wie du bist, sondern so, wie du glaubst, am besten zu gefallen,
- je offener du mit potentiellen Mitreisenden über deine und ihre Vorstellungen und Bedürfnisse sprichst,
- je besser du verstehst, warum sich die potentiellen Mitreisenden in kritischen Situationen vielleicht in einer Weise verhalten, die dich verletzt oder sogar triggert, desto besser kannst du entscheiden, zu wem du ins Auto steigen, wem du dein Herz schenken willst.

Beziehungen können gelingen, wenn wir unsere und unserer Partnerpersonen Bedürfnisse und Gefühle kennen, achten und respektieren und fair und offen miteinander umgehen. Es gibt nur eine Ausnahme – und von der berichten wir als Nächstes.

Die hässliche rote Fahne

Es gibt leider auch Menschen, mit denen definitiv nicht nur keine glückliche Beziehung möglich ist, sondern die auch hochgradig gefährlich für dich und deine psychische und physische Gesundheit sind. Ungünstigerweise kommen viele von diesen eher wie ein Sechser im Lotto daher. Deswegen fragen sich Betroffene hinterher oft, warum sie die Warnzeichen nicht erkennen konnten, bevor sie in diese Beziehungsfalle tappten. Deswegen bekommst du hier eine Liste von Warnzeichen!

Es gibt den narzisstischen Persönlichkeitstyp, den du auf jeden Fall meiden musst. Diese Menschen treten mit einem absolut überhöhten Anspruch auf die eigene Wichtigkeit auf, mit dem auch der Wunsch nach Sonderrechten, Macht und natürlich bedingungsloser Anerkennung und Unterwerfung einhergeht.

In Wirklichkeit steckt dahinter ein absoluter Mangel an Selbstwertgefühl, das du füllen sollst. Für sie bist du also nur ein Mittel zur Befriedigung eigener Bedürfnisse. Deswegen droht dir potentiell eine Menge übergriffiger Zwangskontrolle, die nur dem Zweck dient, dich gefügig und verfügbar zu halten, um diese Bedürfnisse zu befriedigen.

Du hast bestimmt schon davon gehört: Da wird überwacht, mit wem kommuniziert wird, mit wem man sich treffen darf, welche Hobbys zulässig sind. Nachdruck verliehen wird dem mit psychischer und physischer Gewalt … Gehen wir lieber nicht zu sehr ins Detail. Nicht verwechseln darf man übrigens Narzissmus und eine narzisstische Persönlichkeitsstörung. Zweitere ist eine Diagnose, welche die Eigenschaften von Ersterem zwar voraussetzt, aber zusätzliche Kriterien aufstellt.

Der Grund, warum potentielle Mitreisende mit Narzissmus oft auf den ersten Blick wie ein Sechser im Lotto wirken, ist, dass sie häufig in einer grandiosen Form auftreten: Sie geben sich als erfolgreich, wohlhabend, allwissend, beliebt. Sie prahlen mit Kontakten, mit Dingen, die sie besitzen, mit Taten, die sie vollbracht haben. Sie machen dir die tollsten Versprechungen. Und sie überschütten dich mit Liebe, wie du sie noch nie erlebt hast.

Wenn du nicht dem sicheren Bindungstyp angehörst und insbesondere wenn du dem unsicher-voreingenommenen Typ zugeordnet wirst, wirst du vielleicht das Gefühl haben, dass du endlich die Liebe findest, die du dir schon immer gewünscht hast.

Doch das trügt.

Es gibt noch einen zweiten Typ: die verletzliche Form von Narzissmus. Betroffene stellen sich nicht als grandios, sondern als Opfer ungeheuerlicher Ungerechtigkeit dar. Sie sind auf der Suche nach Menschen, die hilfsbereit sind, die glauben, diese armen Opfer retten zu können. Auch das zielt natürlich unter anderem auf die unsicher-voreingenommenen und die ängstlichen Bindungstypen.

Denke auch daran, dass wir gerade als Frischverliebte geneigt sind, Warnzeichen zu übersehen. Sei also besonders vorsichtig und frage auch deine BFFs nach ihrer Meinung, wenn du gerade dabei bist, dein Herz zu verschenken. Da die nicht verliebt sind, fallen ihnen manche seltsame Dinge viel eher auf. Außerdem ist es ja so, dass solch eine Person einem für gewisse Zeit sicherlich etwas vorspielen kann – aber früher oder später wird sie das nicht mehr aufrechterhalten können und die Fassade wird Risse bekommen.

Das Folgende sind Warnsignale, die gefährlich schön wirken:

- Wenn du den Eindruck hast, dass dich noch nie jemand so gut verstanden hat, wenn noch nie jemand so sehr dieselben Einstellungen, Vorlieben, Gefühle hatte wie du – ist es vielleicht nur vorgetäuscht. Dein Gegenüber beobachtet dich möglicherweise nur sehr genau, hört sehr genau zu, um dir später genau dieselben Dinge vorzuspiegeln.
- In dieselbe Kerbe schlagen natürlich vorzeitige Liebesschwüre gleichen Inhalts.
- Wenn du mit (teuren) Geschenken, Aufmerksamkeiten und Reisen überschüttet wirst, ist es vielleicht nur Lovebombing. Die Psychologin Prof. Dr. Ramani Durvasula bringt es auf den Punkt: „Wenn es sich anfühlt wie Instagram, stimmt was nicht."

- Wenn du von morgens bis abends übers Handy betüddelt und mit Liebesschwüren bombardiert wirst und außerdem immer auch erzählen sollst, was du gerade machst (am besten mit Selfie) – ist das ein Vorzeichen von Überwachung.
- Wenn dir die Erfüllung all deiner Träume angekündigt und dir das Blaue vom Himmel herunter versprochen wird – ist es vermutlich der leere Future Fake, der nie eingelöst wird.
- Wenn die Beziehung viel zu schnell enger wird und viel zu schnell voranschreitet – sei auf der Hut! Du darfst immer sagen, dass es dir zu schnell geht.
- Wenn dir relativ früh angeboten wird, mit in eine Traumstadt, an einen Traumort, auf eine Traumreise zu gehen – kann das einfach nur ein Trick sein, um dich aus deinem sozialen Umfeld und Unterstützungssystem zu isolieren.

All diese eigentlich schön erscheinenden Methoden wird eine narzisstische Person anwenden, um dich von ihren positiven Zuwendungen abhängig zu machen, an sich zu binden und von anderen zu isolieren. Ziel ist immer die Kontrolle über dich. Aber es geht nicht um dich, sondern nur um das, was du zurückgibst. Wenn nämlich erst mal die narzisstische Misshandlung losgeht, wirst du dich wundern, was nur plötzlich los ist, und bereit sein alles zu tun, um in diesen einmalig glücklichen Zustand zurückzukehren.

Das Folgende sind Warnsignale, die man gerne wegerklärt, rechtfertigt, entschuldigt:

- Wenn dein Bauch dir sagt, dass irgendwas nicht stimmt.
- Wenn Zweifel an der Loyalität deiner BFFs gesät wird, beispielsweise indem ihnen negative Aussagen über dich in den Mund gelegt werden.
- Wenn dein Loveinterest dich auf Händen trägt, aber andere und vor allem niedergestellte Personen sehr schlecht behandelt, andauernd über alle nur Schlechtes zu sagen hat.
- Wenn dir Opfer für die Beziehung abverlangt werden.

- Wenn du das erste Mal die volle Wucht der Wut zu spüren bekommst, runter gemacht oder erniedrigt wirst von jemandem, der dich angeblich liebt.
- Wenn deine Grenzen nicht beachtet werden, kein Vertrauen entgegengebracht oder du belogen wirst.
- Wenn du die narzisstische Person gegenüber anderen in Schutz nehmen musst, weil diese weniger nachsichtig (oder im Gegenteil: klarsichtiger) sind als du.

Das Wichtigste aber: Gib keine zweite Chance (oder vielleicht eine zweite, aber keine dritte, vierte). Besser als am Anfang der Beziehung wird es nicht.

Das gilt gerade für die gefährlichste Waffe im narzisstischen Arsenal: das Gaslighting (das „Gaslicht“, benannt nach einem Film von 1940). Beim Gaslighting wird gezielt die Erinnerungsfähigkeit und die Wahrnehmung des Opfers untergraben, indem dieses solange belogen wird, bis es beginnt, an sich zu zweifeln. Das ist eine Form der psychischen Folter. Sobald dein Gegenüber dir unterstellt, dich falsch zu erinnern, oder dass etwas überhaupt nicht stattgefunden hat, woran du dich erinnerst, oder dir Dinge unterzuschieben: Lauf so schnell, wie du kannst!

Es gibt noch ein paar andere kleine Tricks: Narzisstische Gesprächspartner sind oft sehr charmant, bleiben aber stets oberflächlich. Du kannst versuchen, mit ihnen über ihre Gefühle zu reden. Frage sie zum Beispiel, welche tiefen Verletzungen sie erlebt haben, oder welche Fehler und Schwächen sie haben. Frage sie, in welchen Dingen sie wachsen, sich weiterentwickeln oder sich verändern möchten. Da diese Personen sich vordergründig für perfekt halten, werden diese Fragen sie ins Schleudern bringen, weil sie gar nicht auf die Idee kämen, sich mit sowas zu beschäftigen.

Und natürlich der beste Trick von allen ist, einfach zu fragen: „Bist du narzisstisch?“ Weil während wir denken, dass Narzissmus eine ziemlich schlechte Eigenschaft ist, sehen die Betroffenen das ganz anders. In einer Studie fanden Sara Konrath und

Brad Bushman heraus, dass diese eine Frage fast genauso zuverlässige Ergebnisse liefert, wie die 40 Fragen des offiziellen wissenschaftlichen Narcissistic Personality Inventory.

Rund 4% der Bevölkerung haben eine Diagnose der narzisstischen Persönlichkeitsstörung. Viele weitere zeigen mehr oder weniger stark das Bündel an Eigenschaften, das wir hier als Narzissmus beschrieben haben. Wir hoffen für dich, dass du nie enger mit einem davon zu tun hast!

MENSCHEN BLEIBEN MENSCHLICH

Der große Rucksack und das Handgepäck

Niemand kann uns so sehr verletzen wie jemand, den wir lieben. Leider sind es häufig auch vorrangig diese, von denen wir verletzt werden. Und umgekehrt.

Zunächst passiert ja etwas Wünschenswertes: Jeder Mensch ist einzigartig und bringt seine eigenen Erfahrungen, Gefühle, Wünsche und Träume als Teil seines Gepäcks mit auf die Reise ins Ever After. Dieses Mitbringsel machen unsere Reisebegleitung wertvoll, führen jedoch leider dazu, dass sich Liebende über die seltsamsten Dinge oder scheinbar ohne Ursache in die Haare kriegen. Da sind Verletzungen fast vorprogrammiert.

Was in unserem Gepäck versteckt ist, umfasst im Grunde alles, was wir im vorhergehenden Kapitel „Per Anhalter ins Ever After" beschrieben haben: Jeder neuen Person, die in unser Leben tritt, begegnen wir im Grunde als Fremde mit verführerisch ähnlichen, aber doch fremden Sprachen. Nur wenn wir lernen, wie unser Gegenüber kommuniziert, können wir Missverständnisse vermeiden.

Viel davon ist irgendwo ganz tief in unserem sperrigen, schweren Rucksack versteckt, den wir seit Kindertagen benutzen. Nur die aktuellen Sachen tragen wir im Handgepäck bei uns. Leider besteht so gut wie immer und vor allem in Streitsituationen die Gefahr, dass wir auf das falsche Gepäckstück zugreifen.

Im Eifer des Gefechtes vergessen wir das Handgepäck und rennen schnell an unseren emotionalen Rucksack – und kaum schnüren wir den auf, stehen wir mitten in einer unerwarteten Explosion. Dahinter steckt eine Abkürzung, die unser Gehirn gewählt hat, um schneller auf Gefahren reagieren zu können: Wir analysieren gar nicht (sofort), in welcher Situation wir uns befinden, sondern ziehen ein Muster aus unserem Gedächtnis, das gut zur Situation zu passen scheint. Ein kleines Versehen kann uns da schnell wie eine bewusste Attacke erscheinen.

Lass es dir an einem Beispiel aus „Das Kind in dir muss Heimat finden" von Stefanie Stahl erklären: Chris wünscht sich Beachtung, Zuwendung und Liebe. Als Kind hat diese Person viel Zurückweisung und Gleichgültigkeit erfahren – wir können sie als unsicher-voreingenommenen Typ verstehen. Nun vergisst Nicki beim Einkauf Chris' Lieblingswurst. Chris' Gehirn meint darin ein bekanntes Muster zu erkennen – und es ist mit ziemlicher Wahrscheinlichkeit eines aus dem großen Rucksack: Dieser besagt, dass Dinge, die Chris wichtig waren, den Eltern nicht wichtig waren, weil Chris selbst nicht wichtig war. Chris reagiert verletzt – und spult den im vom Gehirn aktivierten Muster vorprogrammierten Wutanfall ab.

Nicki dagegen hat als Kind erlebt, dass es unmöglich war, es den Eltern recht zu machen. Mit Kritik umzugehen, fällt Nicki daher schwer. Auch diese Person gehört möglicherweise zur Gruppe der unsicher-voreingenommen Gebundenen. Chris' Wut wegen des kleinen Fehlers, die Lieblingswurst vergessen zu haben, lässt Nickis Gehirn ebenfalls ein Muster hervorholen, das es zu erkennen glaubt: In diesem Fall spult das Muster Gefühle von Kränkung, Erniedrigung und Wertlosigkeit ab.

So kommt es zu einem riesigen Streit, in welchem es darum geht, dass Nicki zum Ausdruck gebracht habe, Chris sei unwichtig, und Chris Nicki als wertlos abgestempelt habe. Und all das nur, weil ihre Gehirne die Gepäckstücke verwechselt haben.

Zum Glück haben wir zwei entscheidende Vorteile, um das zu verhindern: Erstens können wir lernen, einander zu verstehen.

Zweitens können wir grundsätzlich davon ausgehen, dass alle Mitfahrenden ins Ever After dasselbe Ziel haben und sich für alle eine glückliche Reise wünschen. Ein konstruktives Miteinander und verletzungsfreies Streiten liegen damit in unserem allseitigen Interesse. Dasselbe gilt auch für unser Gegenüber, sofern wir nicht auf jemand Narzisstischen hereingefallen sind.

Die Schlussfolgerung daraus lautet: Wann immer die Situation zu entgleisen oder zu eskalieren droht, können wir innehalten und uns an diese beiden Vorteile erinnern: Es ist einerseits nicht anzunehmen, dass Chris von Nicki für unwichtig gehalten wird und dass Nicki für Chris wertlos ist, weil sie ja beide zueinander ins Auto mit Reiseziel Ever After gestiegen sind. Die Ursache für den Streit muss also woanders liegen. Und deswegen ist es gut, wenn beide sich darüber austauschen, was in dieser Situation eigentlich in ihnen vorgegangen ist. Beide werden vielleicht nicht ohne professionelle Hilfe erarbeiten können, welche unverarbeiteten Erlebnisse dahinterstecken, aber beide können beschreiben, welche Gefühle und Gedanken sie – unter Umständen auch in welcher Reihenfolge – hatten, sodass es zu ihrer Reaktion kam.

Statt sich anzuschreien, können sie sich in dieser Situation also beruhigen und sagen, wie wertvoll und wichtig sie einander sind.

Buchtipp: Das Kind in dir muss Heimat finden (von Stefanie Stahl)

Bedürfnisse, Schwulensexdates und Polyamorie

Was uns bei der Recherche über Polyamorie ins Auge sprang, war, dass manche Beziehungsformen viel offener und deshalb besser mit den Bedürfnissen der daran Teilhabenden umgehen, als das in cis-hetero Beziehungen der Fall ist. (Damit sind Beziehungen zwischen Personen gemeint, die cis sind, die also mit dem ihnen bei Geburt zugeschriebenen Geschlecht übereinstimmen, und die hetero sind, die sich für sich also die Paarung zwischen Frau und Mann wünschen.)

Anekdotisch haben wir über Schwulensexdates gehört, dass sie häufig mit der Frage beginnen: „Worauf stehst du?" oder „Worauf hast du heute Lust?" Wie weit das verbreitet ist, sei mal dahingestellt. In jedem Fall ist es wunderbar!

Cishetero Personen haben im Gegenteil das Problem, dass es ein von der Gesellschaft formuliertes und aufrechterhaltenes Skript gibt, dem sich viele – ohne sich bewusst zu sein, dass sie darüber selbst entscheiden dürfen – unterwerfen, weil es ja irgendwie „normal" ist. Das Problem bei Normen ist aber, dass sie wieder so eine One-Size-Fits-All-Lösung darstellen – die wir oben ja bereits just zum Thema Wünsche infrage gestellt haben. Wollen wirklich alle beispielsweise ein bisschen Fellatio, ein bisschen Cunnilingus mit anschließendem Penetrationssex in Missionarsstellung, wenn sie das erste Mal miteinander im Bett landen? Wollen sie das überhaupt?

Das Problem in vielen Beziehungen – das wissen wir aus eigener Erfahrung – dürfte sein, dass über diese und die meisten anderen Fragen weder vorher noch nebenher gesprochen wurde. Und falls solche Gespräche in einer Beziehung einmal stattgefunden haben, werden sie selten wiederholt, als entwickelten sich nicht alle Beteiligten weiter.

Das nun bringt uns zurück zu den polyamoren Beziehungen: Vielleicht schüttelt es dich schon bei der Vorstellung, dass ein Mensch, mit dem du eine Beziehung hast, außerdem im allseitigen Einverständnis auch noch Beziehungen zu anderen pflegt. Der häufigste Einwand ist wohl: „Das könnte ich nicht, da wäre ich zu eifersüchtig." Die entscheidende Antwort darauf ist: Alle Beteiligten sind allzeit völlig offen mit ihren Gefühlen, Wünschen, Bedürfnissen und Zielen und gehen aufeinander ein. Und das ist ein Grundsatz, der wirklich in jede Beziehung übernommen werden sollte!

Klar, sich die beschriebene Offenheit anzugewöhnen, mag unangenehm sein, weil wir erst die Erfahrung machen müssen, auch mit all unseren unausgesprochenen Wünschen angenommen und nicht verurteilt zu werden. Wenn wir andererseits unsere sich verändernden Bedürfnisse, unsere Wünsche und – ja auch – unsere Verletzungen für uns behalten, weil sie uns vielleicht peinlich sind oder wir Angst vor der Reaktion fürchten, laufen wir Gefahr, die Basis unserer Beziehung sogar direkt zu untergraben.

Buchtipp: Schlampen mit Moral
(von Janet W. Hardy und Dossie Easton)

Unsere verschiedenen Ohren und Münder

Dass der Psychologe und Kommunikationswissenschaftler Prof. Dr. Friedemann Schulz von Thun beschrieben hat, dass jeder von uns mit unterschiedlichen Mündern spricht und mit unterschiedlichen Ohren hört, ist in aller Munde und klingelt vielen Schulpflichtigen schon in den Ohren, denn es ist unterdessen häufig Teil des Lehrplanes unter anderem in Deutsch. Was der Kommunikationswissenschaftler in seinem Standardwerk „Miteinander reden" als Münder und Ohren bezeichnet, ist eigentlich eine Denkweise, die uns eigen ist und die bedingt, wie wir etwas formulieren.

Er hält fest, dass es für jede mögliche Aussage vier Arten gibt, wie man sie gedanklich fassen kann – bei jeweils natürlich unendlich vielen möglichen Formulierungen. Wir alle haben Vorlieben unter diesen Arten, wie wir besonders gerne formulieren oder wie wir vorrangig hören.

Ob zwei Personen sich verstehen, ist leider eine Frage ihrer Abstimmung, denn welcher Mund auch spricht – es kann trotzdem mit jedem Ohr gehört werden.

Die vier Münder und Ohren sind:

SACHEBENE: „Worüber ich informieren möchte."

SELBSTOFFENBARUNGSEBENE: „Was ich von mir selbstkundgebe."

BEZIEHUNGSEBENE: „Was ich von dir halte und wie wir zueinander stehen."

APPELLEBENE: „Wozu ich dich veranlassen möchte."

Okay, das klingt jetzt ziemlich abstrakt. Tatsächlich ist hier die Basis für die absurdesten Missverständnisse und dir kuriosesten Gesprächsverläufe beschrieben – leider oft inklusive Eskalation. Das erste Beispiel aus Schulz von Thun wird es zeigen: Du bist gerade zu einem oder mehreren potentiellen Mitreisenden ins Auto gestiegen.

Die Ampel schaltet auf Grün.

Alex: „Die Ampel ist grün."

Maxi: „Fährst du, oder fahre ich?"

Die Aussagen scheinen überhaupt nicht zusammenzupassen. Und doch haben wir alle solche Situationen schon erlebt. Alex könnte mit ihrer Aussage – unabhängig vom Wortlaut – ganz verschiedene Dinge gemeint haben:

SACHEBENE: „Die Ampel ist grün."
SELBSTOFFENBARUNGSEBENE: „Ich habe es eilig."
BEZIEHUNGSEBENE: „Du brauchst meine Hilfe."
APPELLEBENE: „Gib Gas."

Diese Nachrichten sind extrem unterschiedlich. Wir stellen sofort fest, dass es aus dem Wortlaut fast unmöglich ist, sie zu verstehen. Wir bräuchten den Tonfall oder den Gesichtsausdruck von Alex oder müssten sie gut genug kennen, um zu wissen, wie sie sich allgemein und in dieser Situation ausdrückt – sprich, mit welchem Mund bzw. auf welcher Ebene sie spricht.

Aus der Antwort von Maxi können wir zumindest erkennen, dass die Aussage von Alex nicht auf der Sachebene verstanden wurde. Maxi scheint sie am ehesten mit dem Beziehungsohr oder mit dem Appellohr aufgenommen zu haben. Zugleich ist anzunehmen, dass auch Maxis Gehirn aufgrund der Situation im großen Rucksack gekramt und ein Muster hervorgezogen hat, womit die Aussage „Die Ampel ist grün" als Angriff, als verletzend oder als in anderer Weise herabsetzend eingeordnet wird.

Aus dieser Situation sehen wir, dass die beiden Personen in ihrer Kommunikation sehr schlecht aufeinander eingestellt sind.

Sie kennen sich entweder nicht gut, oder ihre Kommunikation ist aus anderen Gründen total verfahren.

Eine Lösung ist nur möglich, wenn man sich miteinander über die Kommunikation unterhält: Statt sofort zu reagieren, lohnt es sich, im Kopf durchzugehen, ob man die Aussage wirklich verstanden hat, bzw. welche anderen Nachrichten noch darin verpackt sein könnten. Auch hier hilft uns wieder das Wissen, dass unser Gegenüber ja auf der Reise ins Ever After ist. Nachzufragen lohnt sich also: „Ich verstehe das nicht genau. Was meinst du?"

Eine besondere Möglichkeit bieten Selbstoffenbarungsebene und Beziehungsebene im Streitsituationen. Spricht man konsequent auf der Selbstoffenbarungsebene und vermeidet die Beziehungsebene, kann man viele Situationen direkt entschärfen bzw. vermeiden, dass sie überhaupt erst eskalieren:

SELBSTOFFENBARUNGSEBENE = Ich-Aussage
„Ich fühle mich ..."
BEZIEHUNGSEBENE = Du-Aussage: „Du hast ..."

Gehen wir mal kurz zurück zu Chris und Nicki und ihrem Wurstdilemma. Vergleiche die beiden folgenden Formulierungen:

Chris: „Du hast mich verletzt." Oder: „Ich fühle mich verletzt."

Nicki: „Du hältst mich für unfähig." Ode: „Ich fühle mich herabgesetzt."

Die Du-Aussage ist in beiden Fällen viel eher dazu geeignet, die Situation weiter zu eskalieren, weil das Gegenüber möglicherweise denkt: „Habe ich doch gar nicht." Der Ich-Aussage dagegen kann man nicht widersprechen. Keiner von beiden kann schließlich darüber entscheiden, was der andere fühlt oder ob dieses Gefühl berechtigt ist. Das Gefühl ist da. Das ist in dem Moment einfach so.

Wenn wir an dieser Stelle gedanklich kurz zu den Beziehungstypen zurückkehren, können wir feststellen, dass wir und alle unsere Mitreisenden die Gemeinsamkeit haben, Bedürfnisse und

Nöte oder Wünsche zu haben, die wir direkt aussprechen oder die in unserer Kommunikation mitschwingen. Wenn wir wissen, dass unser Gegenüber zu einem Bindungstyp zu rechnen ist, der ein großes Maß an Liebesbedürfnis hat und viel äußeren Zuspruch braucht, um sich wahrgenommen, wertgeschätzt und geliebt zu fühlen, können wir das im Gespräch berücksichtigen. Wir können in Situationen, von denen wir wissen, dass sie für jemanden schwierig ist, sogar von uns aus positiv auf die Bedürfnisse einwirken.

Selbst wenn wir Maxi aus dem Ampelbeispiel nicht kennen und wenn sie ihre Bedürfnisse nicht direkt ausspricht, ist für uns erkennbar, dass sie sich verletzt fühlt. Wenn wir achtsam und entgegenkommend auf diesen Zusammenhang reagieren, werden wir einander guttun und Verletzung vermeiden.

Und warum sollten wir das tun? Weil es im gemeinsamen Interesse liegt – sonst wird es nämlich nichts mit dem Ever After und wir stehen bald wieder mit ausgestrecktem Daumen an der Straße.

Nebenbemerkung: Versuche die dargestellte konstruktive, fürsorgliche Umgangsform nicht bei einem narzisstischen Menschen, denn das wird dich zu dessen Wunschtraum einer Beute machen.

Ah, noch was: Benutze keine Beleidigungen für Menschen, die du liebst.

Buchtipp: Miteinander reden 1: Störungen und Klärungen (von Friedemann Schulz von Thun)

Zunächst können wir durch Austausch mit unseren potentiellen Mitreisenden – und das betrifft ja die BFFs, die Eltern, die Kinder, unsere Partnerpersonen, die Kollegen – über unsere Gefühle und Bedürfnisse und durch das gemeinsame Festlegen von Regeln für den Streitfall eine Basis schaffen. Mit diesen werden wir nicht nur Streitsituationen besser bewältigen, sondern auch offener mit unangenehmen Themen, wie bislang unausgesprochenen Bedürfnissen umgehen können: Weil wir die Sicherheit haben, dass auch im Streit das gemeinsame Ziel immer das oberste Ziel bleibt.

Vielleicht wirst du in diesem Aussagen zwei der Wünsche von unserem Wunschzettel oben wiedererkennen: dass man Meinungsverschiedenheiten aushalten und Konflikte konstruktiv führen können muss. Mach dir aber nichts draus, wenn dieses theoretische Wissen – gerade am Anfang – noch nicht so leicht in der Praxis zu leben ist. Eure gemeinsame Reise ist auch eine Reise, auf der ihr euch entwickeln könnt und müsst. Und auch generell ist konstruktiver Streit nicht schlecht: Eine Beziehung, in der nie gestritten wird, hat wahrscheinlich viele unbearbeitete Konflikte. Nicht das Streiten ist schlecht, das destruktive Streiten ist schlecht.

Das innere Kind mag keine Kritik

An dieser Stelle wollen wir auf Dr. Marshall B. Rosenberg eingehen, den Konfliktmediator. Wir haben davon gesprochen, dass man in Konfliktsituationen konstruktiv sein soll und dass man lieber sagen soll: „Ich fühle mich verletzt, wenn ich das höre", statt hinauszublöken: „Was fällt dir ein!?" Aber auch in diesem Zusammenhang muss klar bleiben, dass Gefühle wichtig sind und Berechtigung haben – und dass wir Mittel brauchen, sie zu verarbeiten. Auf keinen Fall nämlich dürfen wir sie unterdrücken.
Woher kommt diese Wut? Dieser Impuls zu schreien, wenn die Ursache selbst es doch – nüchtern betrachtet – gar nicht rechtfertigt? Auch hier kommen all die Glaubenssätze zum Tragen, die wir in der Kindheit über uns angenommen haben; beispielsweise, dass wir tief in uns falsch, nicht okay sind. Es kommen auch all die Erfahrungen zum Tragen, die wir seither gemacht haben und die mitverantwortlich für die Muster sind, mit denen wir einordnen, was wir erleben.

Wenn Chris anfängt zu schreien, weil die Lieblingswurst vergessen wurde, ist das nicht Ausdruck von Chris' Emotion zu der Wurst, sondern des gesamten Eisbergs bestehend aus dem Gefühl, unwichtig zu sein, den Chris seit der Kindheit angesammelt hat. Im Vergleich zum unterseeischen Teil dieses Eisbergs ist die Wurst nachgerade wurst. Man kann Nicki nicht verdenken, dass sie auf Chris' Gefühlsäußerung reagiert – aber diese selbst hat im Grunde nichts mit Nicki zu tun. Es wird andererseits an Chris sein, diesen ganzen eiskalten Gefühlsklotz aufzutauen und zu verarbeiten.

Falls auch du mit solch einem Klotz kämpfst, möchten wir dir eine Therapie ans Herz legen, denn diese macht die Verarbeitung aufgestauter Emotionen wesentlich leichter.

Was nun die Wut angeht, die aus Chris herausbricht, betont Rosenberg, dass es sich dabei nicht um das eigentliche aufgestaute Gefühl handelt, sondern um dasjenige negative Gefühl, das sich am wenigsten unterdrücken lässt – weil es uns am stärksten aktiviert. Es hat in seinen Worten vor allem eine Hinweisfunktion auf ein anderes Gefühl, das wir verdrängt haben, das sich auf ein Bedürfnis bezieht, das wir ebenfalls verdrängt haben. Beispielsweise Chris' Trauer darüber, von den Eltern nicht wichtig genommen zu werden, und die Verletzung, ignoriert zu werden, stehen mit den Bedürfnissen in Verbindung, wahrgenommen und geliebt zu werden. Dieses eigentliche Gefühl ist es auch, auf das Chris reagieren musste, um die Wut zu stillen.

Für eine Beziehung sind solche Situationen große Herausforderungen. Sie sind nicht durch simple Toleranz von Chris' Wut zu lösen. Nicki muss die eigenen Grenzen ebenfalls wahren. Nachdem es den beiden jedoch gelungen ist, ruhig und offen über diese Situation und die aufgekommenen Gefühle zu sprechen, kann Nicki dieses Wissen nutzen, um eine zukünftige Eskalation zu vermeiden und beispielsweise auf Chris' Bedürfnisse in Zusammenhang mit der Trauer oder der Verletzung zu reagieren.

Natürlich soll sich Nicki nicht zu einem Erfüllungsautomaten von Chris' Bedürfnissen machen. Beziehungen sind immer ein Geben und Nehmen. Aber es hilft der gemeinsamen Beziehung die jeweiligen Bedürfnisse zu erkennen, zu verstehen und im Blick zu behalten.

Buchtipp: Was deine Wut dir sagen will: überraschende Einsichten: Das verborgene Geschenk des Ärgers entdecken (von Marshall B. Rosenberg)

Es hängt daher vor allem von unserer Selbstwahrnehmung ab, wie konstruktiv es uns zu streiten gelingt: Können wir uns in der Konfiktsituation bewusst bleiben, dass unsere Gegenüber nicht unsere Feinde sind, sondern prinzipiell dasselbe Ever After anstreben? Können wir erkennen, auf welches Bedürfnis oder welche wunde Stelle unsere während des Streits in uns aufsteigende Wut uns hinweisen möchte? Können wir dann die Aggression beiseitelegen, unsere Verletzlichkeit zulassen und aggressionsfrei als Ich-Aussage ausdrücken? Können wir die Bedürfnisse unserer Gegenüber berücksichtigen, auch wenn sie nicht unseren Bedürfnissen entsprechen oder nur über Kompromisse vereinbar sind? Dann gelingt konstruktive Kommunikation nicht nur trotz, sondern sogar im Konflikt.

Wir wünschen dir auf jeden Fall, dass deine Kommunikation mit diesen kleinen Tipps konstruktiv und deine Konflikte stets lösbar bleiben, sodass du und deine Mitreisenden glücklich ins Ever After gelangen!

Geschichten & Gedichte

It's story time!

Lies dich durch die Geschichten und Gedichte von Frauen, die ihre ganz unterschiedlichen Erlebnisse und Sichtweisen im Umgang mit der Liebe und sich selbst mit dir teilen, dich zum Lachen bringen wollen und dich fühlen lassen, dass du nicht allein mit deinem Kummer bist.

By the way … wie würde deine Geschichte klingen, wenn du sie niederschreiben würdest? Deine Erfahrungen mit der Liebe, den damit verbundenen Glücksmomenten und den Dramen, der Hoffnung, die du zwischendurch geschöpft hast?

Wenn du deine erlebte Liebeskummergeschichte von der Seele schreiben und sie mit anderen Frauen teilen willst, schau doch mal auf
www.deinliebeskummer.de/deinegeschichte
vorbei.

KATZEN-
LIEBES-
ALLERGIE

Liebesallergie

von Gaby Hauptmann

Ich bringe ihn um!

Das ist mein erster Gedanke. Ich spüre eine Woge von Wut durch meinen Körper gehen, von den Zehenspitzen bis zur Haarwurzel, dann sammelt sich alles im Magen. Der verkrampft sich, und mir wird übel. Gleich darauf die Hoffnung.

„Bist du sicher?“, frage ich meine Freundin. Eine Verwechslung, das scheint mir am logischsten.

Und außerdem die Rettung: eine Verwechslung!

So muss es sein.

Jasmin aber zieht ihr Smartphone heraus und öffnet auf Facebook eine Seite.

„Er ist es. Trotzdem war ich mir nicht sicher, ob ich es dir sagen soll. Vielleicht ist es ja nur vorübergehend ...“

„Vorübergehend?“ Mein Ton ist schärfer als beabsichtigt. Vorübergehend, wenn er fremdgeht? Was soll denn das für ein Quatsch sein. Vorübergehend fremdgehen ... ist das weniger schlimm?

Sie hält mir das Foto vors Gesicht.

Ich sehe das Datum.

Vorgestern. Samstag. Normalerweise sind wir am Wochenende immer zusammen unterwegs, denn wir wohnen nicht zusammen. Noch nicht, hatte ich vor Kurzem noch gedacht. Verabredung mit seinen Fußballjungs, hat er mir gesagt. Und als er gegen Mitternacht zurückkam: „Sorry, ist etwas später geworden. War aber lustig.“

Ich habe keine Minute daran gezweifelt, denn er war gut drauf.

„Fein“, sagte ich. „Freut mich“, und schlug die Bettdecke zurück.

Ich vergrößere das Bild mit zwei Fingern. Im Vordergrund Susanne und Bernd, zwei aus unserem Freundeskreis. Und im

Hintergrund, versehentlich im Bild, ganz klar, Linus mit einer Frau. Ich kenne sie nicht. Linus offensichtlich recht gut, denn so, wie sie sich halten und er ihr gerade einen Kuss auf die Stirn drückt … Ich strecke das Handy impulsiv und voller Abscheu meiner Freundin entgegen. Und ziehe meine Hand sofort wieder zurück, betrachte das Foto noch einmal. Genauer. Näher.

„Wer ist sie?", will ich von Jasmin wissen.

Sie zuckt mit den Schultern. „Keine Ahnung. Ich hab's auch nur zufällig entdeckt."

„Bei Bernd und Susanne!" Ich kann es nicht fassen. „Aber wir sind doch befreundet. Ich meine, Bernd und Susanne, Linus und ich. Wie kann …"

Jasmin nimmt mich in den Arm. „Ich weiß es nicht. No idea."

Ich schüttle den Kopf. Ich verstehe es einfach nicht. Eine Weile stehen wir nur da. Eng umschlungen, dicke Freundinnen.

„Was willst du tun?", fragt sie mich schließlich und steckt das Handy wieder ein.

„Ist das Foto auf Susannes Seite?"

„Ja, sicher", bestätigt Jasmin. „Ich schick dir aber gleich mal einen Shot, vielleicht wird es ja gelöscht."

Es ist ein lauer Montagabend, und nachdem Jasmin gegangen ist, stehe ich noch alleine auf dem großen Platz vor der Uni. Und bin wie versteinert. Linus hat vor Kurzem seinen Master gemacht, nun hat er sein erstes, ernsthaftes Jobangebot in einem Wirtschaftsunternehmen in Frankfurt. Und hat bereits eine Wohnung gefunden. Umzug in vier Wochen. Wir haben das gefeiert und Pläne gemacht. „Du bist ja auch bald fertig", hat er gesagt. „Dann kommst du nach. Und überhaupt ist es ja nicht weit. Keine hundert Kilometer."

Ich stehe da und weiß nicht: Soll ich heulen oder schreien?

Dann ziehe ich mein eigenes Smartphone heraus. Das will ich mir noch einmal genau anstehen. Auf Susannes Seite? Aber Jasmin war schneller: Ihr Foto ist schon da. Ich gehe ein paar Schritte und lasse mich auf ein Steinmäuerchen sinken. Wer ist sie?

Dunkle, kurze Haare. Schlank. Und groß. Fast so groß wie Linus, also um einiges größer als ich. Sein Mund an ihrer Stirn.

Ich sitze eine Weile da, kann keinen klaren Gedanken fassen. Alles dreht sich in meinem Kopf. Die Wut ist verflogen, jetzt bin ich einfach nur ratlos.

Das kann doch nicht sein?

Linus, der so eifersüchtig ist. Mal tagelang nicht mit mir gesprochen hat, weil er glaubte, ein Professor habe ein Auge auf mich geworfen. Gut dreißig Jahre älter, der Typ. Nur, weil der mir geholfen hat. *Dieser* Linus betrügt mich?

Das ist ja der Oberknaller!

Ich spüre meine Lebensgeister zurückkehren. Und dann steht fest: Das will ich jetzt genau wissen.

Linus wohnt in seinem Elternhaus am Stadtrand, direkt am Grüngürtel. Die Baumanns, seine Eltern, sind seit der Pensionierung ständig auf Reisen, sein Vater will das so: Das Haus muss bewohnt sein. Also wohnt Linus in dem großen Haus und ich in einem winzigen Zimmer, Stadtmitte. Von Haustür zu Haustür 17 Kilometer, das haben wir ausgemessen. Aber ich habe kein Auto, sondern nur ein Fahrrad.

Das macht aber nichts.

Ich werde in die Dunkelheit hineinfahren und mich dann anschleichen. Das wäre doch gelacht! Und dann …

Und dann weiß ich auch noch nicht. Ich lasse mich überraschen. Von mir selbst.

Ich bin schneller dort, als ich für möglich gehalten hätte. Und als ich in der schmalen, dunklen Straße ankomme, in der das baumannsche Einfamilienhaus steht, weiß ich selbst nicht, wie ich hergekommen sind. Wut verleiht Flügel, heißt das Sprichwort nicht so? Oder war's die Angst? Angst habe ich keine. Obwohl die Straße stockdunkel ist. Ich steige ab, weil es rund um Linus' Elternhaus Bewegungsmelder gibt. Die will ich nicht auslösen. Ich schiebe also das Fahrrad ganz links die Straße hinauf und bleibe an der Einfahrt kurz stehen. Die klotzige Garage versperrt mir die direkte Sicht – aber dort, genau vor der Haustüre, da steht doch ein Auto? Zumindest bilde ich mir das ein. Irgendetwas großes Dunkles. Ich kann nur nicht näher ran. Egal.

Ich muss ums Anwesen herum, auf der rückwärtigen Hausseite sind die großen Terrassentüren des Wohnzimmers ebenerdig. Da wird dem Betrachter alles wie auf dem Präsentierteller serviert. Und im Zweifel auch Linus und seine … egal. Ich habe keinen Namen für sie.

Falls die beiden überhaupt da sind.

Es schließen sich noch ein paar einzelne Häuser an, bis die Straße ganz oben einen Bogen nach rechts macht. Dann endet sie am alten Friedhof. Ich stelle mein Fahrrad auf dem Parkplatz ab, möglichst so, dass es nicht auffällt, falls sich doch noch jemand hierher verirrt, und überdenke die Lage. Rechts von mir die Häuser, links eine große Grünfläche, seit Jahren Bauerwartungsland und deshalb längst nicht mehr kultiviert. Da wächst alles durcheinander, was wachsen will. Außerdem trennt ein zugewucherter Graben die gepflegten Grundstücke vom ehemaligen Acker. Ich muss also aufpassen, zumal es richtig dunkel geworden ist und ich kaum etwas sehe. Aber ich bin gelenkig. Und habe ein Ziel. Und einen starken Willen.

Wenig später verstecke ich mich hinter einem kleinen Busch mit genialem Blick über die Terrasse hinweg direkt in die baumannsche Wohnung.

Und dann sehe ich ihn. Linus liegt in seinen roten Shorts vor dem Fernseher. Die trägt er oft, die kenne ich. Allein. Habe ich mich getäuscht? Kein fremdes Auto vor dem Haus? Nur ein großer Schatten? Und auch diese vermeintliche Liebesszene – hat sie vielleicht doch einen anderen Grund? Mein Herzschlag will sich gerade beruhigen, da geht die Küchentüre auf und, mir stockt der Atem, SIE kommt herein. Mit strahlendem Lächeln trägt sie einen Sektkühler, aus dem ein goldummantelter Flaschenhals lugt, und zwei langstielige Gläser. Champagner? Mit mir hat Linus nie Champagner getrunken. Lieber ein Bier, hat er stets abgewehrt.

Und sie?

Ich recke mich etwas. Hübsches Gesicht, hübsche Figur, ich schätze uns etwa gleichaltrig, Ende zwanzig. Ja, aber was ist nun besser an ihr? Linus springt auf, geht ihr entgegen und nimmt ihr den Sektkühler ab – ja, und zieht tatsächlich eine Flasche Champagner heraus. Ich fasse es nicht! Sie setzt sich und hält ihm kokett die beiden Sektgläser entgegen. Linus öffnet. Ich kann das satte „Plopp" des Korkens zwar nicht hören, verliere aber trotzdem kurz den Halt. Und in dieser Sekunde gehen die starken Strahler an, die auf die Bewegungsmelder reagieren.

Verdammt!

Linus wendet sofort den Blick und sieht direkt in meine Richtung.

Jetzt steht mein Gebüsch im vollen Scheinwerferlicht, und ich mache mich hinter ihm so klein wie möglich.

Hat Linus mich gesehen?

Ich halte die Luft an und zähle die Sekunden, da streift mich etwas von hinten. Vor lauter Schreck wäre ich fast nach vorn geplumpst, aber dann höre ich ein zartes Begrüßungsmaunzen und weiß, dass es Georgy ist. Georgy hat den Kontakt ausgelöst!

Georgy ist so etwas wie das zweite Kind der Baumanns, ein Kater, dem übernatürliche Kräfte zugesprochen werden. *Er ist wie ein Mensch*, hat mir Frau Baumann gleich am Anfang erklärt, *er versteht alles*.

„Georgy", flüstere ich, während er sich an mir reibt. „Georgy, schön, dass du da bist, aber geh doch jetzt rein. Ins Haus. Das wäre wichtig."

Linus schenkt die beiden Gläser ein, aber offensichtlich konzentriert er sich nicht mehr auf seine neue Flamme, die gerade aufreizend die braunen Beine übereinanderschlägt, was das Kleid etwas hochrutschen lässt.

„Schlampe!", zische ich. Und zu Georgy: „Gib den beiden Gift ins Glas!"

Wenn er so schlau ist, wie Frau Baumann sagt, dürfte das ja kein Problem sein.

Trotzdem wird es jetzt heikel, denn Linus stellt sein Glas ab.

Anscheinend will er nachsehen, was hinter den Büschen bei der Terrasse los ist. Ich kugle mich noch mehr ein. Mich hier zu finden, das wäre die Oberblamage.

Aber kaum schiebt er die schwere Terrassentüre auf, löst sich Georgy von mir und stolziert mit hoch aufgerichtetem Schwanz auf ihn zu.

„Ach, du bist es“, höre ich ihn sagen. Dann bückt er sich zur Begrüßung hinunter. „Na, du Rumtreiber, wo kommst du denn jetzt her?“

Von Cathy, liegt mir auf der Zunge. Aber immerhin, Linus schließt die Türe wieder und will nun offensichtlich seiner Cinderella das vierbeinige Familienmitglied vorstellen. Doch die stellt blitzartig ihr Sektglas ab und reckt abwehrend beide Hände hoch. Ich bin mindestens so erstaunt wie Linus. Georgy lässt sich allerdings nicht beirren, er will auch sehen, wer sich da Neues in sein Reich eingeschlichen hat, und marschiert schnurstracks auf sie zu. Sie zieht die Beine hoch und tatsächlich, als wäre Georgy eine Ratte mit Beulenpest oder noch Schlimmerem, steht sie gleich darauf auf ihrem Sessel. Starrer Blick auf den Kater, fuchtelnde Hände zu Linus hin.

Der braucht einen Moment, bis sein Gehirn ihm meldet, dass Cinderella gerettet werden möchte. Ich sitze stocksteif in meinem Versteck und verstehe offensichtlich genauso wenig wie Georgy, der sich nun einfach direkt vor ihren Sessel setzt. Schließlich erbarmt sich Linus, nimmt ihn auf den Arm und trägt ihn ein paar Meter weg. Aber Georgy hat die älteren Rechte, also strampelt er sich frei und marschiert zurück.

Offensichtlich schreit Cinderella meinen Linus nun an. Ich kann es nicht hören, aber gut erkennen. Also geht Linus dem Kater nach und nimmt ihn wieder auf den Arm. Etwas ratlos steht er mit ihm mitten im Raum. Ein paar Schritte zur Terrassentür hin, nein, einen Rauswurf kann er Georgy nicht antun. Er hat ja nichts getan. Also verschwindet er mit ihm in der Küche. Wahrscheinlich bekommt er jetzt sämtliche Leckereien aus dem Kühlschrank, gewissermaßen als Wiedergutmachung.

Mir schläft mein Bein ein, trotzdem harre ich aus. Und horche in mich hinein. Was fühle ich jetzt? Die Wut ist weg, eigentlich ist da nur ein starker Lachdrang. Wie bescheuert ist das denn?, frage ich mich, Angst vor Katzen? Oder eine starke Katzenhaar-Allergie? Na, da wird Frau Baumann mit der neuen Besetzung aber ihre Freude haben. Während ich mir ihre hochgezogenen Augenbrauen vorstelle, warte ich ab, bis Linus wieder auf der Bildfläche erscheint. Aber offensichtlich ist die Luft raus. Sie sitzen sich gegenüber, den Couchtisch zwischen ihnen, und diskutieren. Selbst die Gläser werden nicht nachgeschenkt.

Nach einer Weile wird mir das zu langweilig, und ich schleiche zu meinem Fahrrad zurück. Diesmal erlaube ich mir einen schnellen Schlenker in die Einfahrt, die beiden sitzen ja im Wohnzimmer, also kann nichts passieren. Im vollen Licht der aufflammenden Strahler erkenne ich den Autotyp und merke mir die Nummer.

Vielleicht kann ich ja irgendwie rauskriegen, wer sie ist.

Während ich nach Hause radle, schießen mir tausend Gedanken durch den Kopf. Mit zunehmender Entfernung vom baumannschen Anwesen verändert sich meine Stimmung. Ich werde wütender. Wie kommt er dazu, mir eine solche Tussi vorzuziehen? Und was ist er denn für ein feiger Knochen, dass er mir nichts sagt? Überhaupt: Wie lange geht das schon? Und was ist mit Susanne und Bernd, dass die dieses Spiel mitspielen, das alleine ist schon schäbig genug. Ich werde sie aus meiner Freundesliste ausradieren. Hinter meinem Rücken. Das ist doch … ekelhaft!

Als ich endlich im Bett liege, kann ich nicht schlafen. Ich muss mir einen Plan zurechtlegen. Wie soll ich reagieren? Wenn er anruft? Und wie verfahren, wenn er in der Tür steht? Soll ich ihm direkt eine schmieren und ihn rauswerfen? Oder erst mal seinen Lügen zuhören und ihn dann mit dem Beweisfoto überführen? Was wird er sagen: Es ist meine Cousine? Oder: Ja, liebe Cathy, tut mir leid, ich liebe dich nicht mehr?

Diese Vorstellung löst in meinem Herz direkt tiefe Trauer aus, und ich heule in mein Kissen. Der Verlust tut einfach nur weh. Ach, Linus, es war doch alles so schön. So rund. Wir hatten eine Zukunft, wir haben uns doch geliebt? Was ist nur passiert? Aber der Gedanke macht alles nur noch schlimmer. Nachdem das Kissen unangenehm feucht geworden ist, drehe ich es um und schlafe endlich ein.

Am nächsten Morgen kommt mir alles vor wie ein böser Traum. Bin ich wirklich zu Linus geradelt? Ist das alles wahr? Diese andere Frau …

Ich setze mich auf, aber ich fühle mich so schlecht, dass es einfach wahr sein muss. Und je länger ich darüber nachdenke, umso wütender werde ich wieder. Mein allererster Gedanke war schon richtig: Ich bring ihn um. Aber vorher befreie ich noch meine kleine Wohnung von den vielen Fotos und lösche das Linus-Album in meinem Smartphone. Und in der Cloud. Und überhaupt! Nachdem ich hastig fünf Fotos abgehängt und mitsamt Bilderrahmen in den Papierkorb geworfen habe, stelle ich fest, dass ich das nicht kann. Ich kann ihn nicht so einfach auslöschen. Ich kann *uns* nicht so einfach auslöschen. Und selbst wenn es vorbei sein sollte, so war es doch eine wichtige Zeit in meinem Leben.

Das ist ja auch was wert.

Ich stehe also unentschlossen in meinem Wohnraum und räume die Fotos schließlich um: aus dem Papierkorb in die unterste Schublade meiner Kommode. Ganz nach hinten. Schublade zu, Linus weg. Nur so einfach ist es leider nicht.

Ich drehe mich mehrfach im Kreis. Dann bleibe ich stehen. Dort, auf dem Schreibtisch, steht mein Laptop. Auffordernd aufgeklappt, denn ich sollte lernen. Ich muss was für die nächste Klausur tun, sonst klappt das nicht, doch ich ertappe mich, wie ich alles mehrfach lesen muss und nebenbei ständig Herzchen auf einen Zettel male. Oder fünf Buchstaben kritzele: Linus.

Schließlich gebe ich auf und rufe Jasmin an. Jasmin ist zwei Jahre älter als ich und in manchen Dingen erfahrener. Vielleicht hat sie ja einen vernünftigen Rat. Sonst fällt mir hier noch die Decke auf den Kopf.

„*Was* hast du gemacht?“, fragt sie.

„Ja, ich bin hingeradelt“, wiederhole ich, „… und dann …“, ich erzähle ihr die ganze Geschichte. Und weil sie so herzhaft lachen muss, lache ich am Schluss mit. Wir albern herum, hecken Pläne aus und verwerfen sie wieder, aber eine Idee ist so großartig, dass ich ganz euphorisch werde.

„Das ist super“, freu ich mich, „das mache ich! Und es ist easy, meine Nachbarin hat eine, die frage ich gleich mal!“

„Und du erzählst mir dann gleich …“

„Versprochen!“

Das Gespräch hat so gutgetan, dass ich mühelos lernen kann. Alle störenden Gedanken sind weg, es geht mir sogar richtig gut. Jetzt habe ich ein Ziel, das leicht zu erreichen ist, und eine Vorfreude, die mir ein gutes Gefühl beschert. Nun kommt es nur noch auf ihn an.

Trotzdem frage ich mich: Wird er wie immer am Wochenende kommen – oder mit einer SMS Schluss machen?

Nein, das traue ich ihm dann doch nicht zu.

Allerdings – er hat mich bisher nicht angerufen.

Ich ihn aber auch nicht.

Seine letzte Mitteilung war, dass er für seinen Berufseinstieg gerade sehr viel zu tun habe. Geschrieben nach dem vergangenen Wochenende.

Also *nach* dem Tête-à-Tête mit der Unbekannten bei Susanne und Bernd.

Allerdings *vor* meiner Radtour zu Baumanns. Wo ich schließlich mit eigenen Augen sehen konnte, dass er derzeit *sehr* viel zu tun hat.

Freitagmorgen kommt eine kurze Nachricht von Linus: Geht es dir gut? Ich bin voll beschäftigt. Bleibt es beim WE?

Sofort ärgere ich mich, dass ich nicht noch einmal hingeradelt bin. Die *Vollbeschäftigung* hätte ich mir besser ein zweites Mal ansehen sollen, um wirklich Munition zu haben. Aber ich hatte einfach nicht den Nerv dazu.

Zu viel Ehre für einen Abtrünnigen, hatte Jasmin gesagt. Und ich habe ihr zugestimmt. Jetzt ärgere ich mich trotzdem.

Es bleibt beim WE, schreibe ich zurück, weshalb auch nicht?

Darauf kommt keine Antwort, nur ein Emoji: grins.

Ja, grins, denke ich. Mal sehen, wie lange das „grins" hält.

Als er in der Tür steht, hätte ich all meine Pläne fast wieder über den Haufen geworfen. Er ist einfach der Mann, der mir gefällt. Kantige Gesichtszüge, wilde Haare, sportlich. Spannung im Körper, kein Luschi. Zudem zieht er sich gut an. Lässig, aber nicht schlampig. Genau mein Typ!

Ich muss erst mal Luft holen. Und dann lauere ich. Wann rückt er damit raus?

Aber er ist wie sonst. Nimmt mich in den Arm, geht zum Kühlschrank, schaut in die Töpfe – denn wie immer am Freitagabend koche ich –, entkorkt eine mitgebrachte Flasche Wein, erzählt nebenher, was er in der vergangenen Woche alles gemacht, gelernt, vorbereitet hat, sogar drei neue, erstklassige Anzüge hat er sich zugelegt, Geschenk seiner Eltern.

„Aha", sage ich, sehe ihm beim Tischdecken zu und warte ab, was kommt.

Nach dem Essen sieht er plötzlich auf seine Uhr.

„Mann!", sagt er. „Das habe ich ja ganz vergessen. Max hat ja heute Geburtstag, da muss ich noch schnell vorbeischauen, habe ich den anderen versprochen. Dauert nicht lang." Er springt auf, lächelt mir schräg zu und geht zur Tür. „Soll eine Überraschung werden."

Ich begleite ihn zu meiner Wohnungstür und halte ihm, als er schon im Treppenhaus steht, eine kleine Schachtel hin.

„Auch eine Überraschung", sage ich.

Er runzelt die Stirn. „Was ist das?"

„Nimm's mit", sage ich. „Geschenk für Max."

Er wiegt es in der Hand, dann nimmt er den Deckel ab.

Flauschig weiche Katzenhaare quellen heraus – und ich schlage die Tür zu.

Liebeskummer-Phase 1

Ich will es nicht wahrhaben

Ist nicht die Wahrheit, es ist nicht aus
Ein Missverständnis, nichts weiter
Ich warte hier, wann kommst du nachhaus'
Wir klären es und sind dann heiter
Haben so viel schon überstanden
Das kann jetzt nicht unser Ende sein
All die Dinge, die uns verbanden
Verhindern doch, dass wir uns entzwei'n

Elisabeth Schwachulla

Erkenntnisse

von Alice Lulu

Bäm! Hin und weg! Verliebt!

Ich, die sich nie in Plattitüden, seichten Klischees oder gar Naivität ergehen wollte. Aber Bäm! Das war sie! Es gab sie also doch – die Liebe auf den ersten Blick.

Unsere Blicke trafen sich und verweilten ineinander verschlungen, verhakt, länger als nötig. Magie. Zeitlos. Seelenverwandt.

Es war so, als ob wir uns schon immer kannten und nun wiedererkannten.

Nichts an dir entsprach dem, wovon ich je dachte, dass es mir auch nur im Geringsten gefallen würde. Du warst so gar nicht mein Typ. Aber irgendetwas zog mich zu dir hin.

Wie gerne mochte ich es, wie zaghaft du dich an mich herangewagt hast. Vorsichtig und recht schüchtern, obwohl dir eigentlich der Ruf eines Gigolos vorauseilte. Offen gestanden war mir schon klar, mit was für einem Typ Mann ich es hier zu tun hatte.

Und trotzdem ignorierte ich alle Vernunft und ließ nach und nach kleine Einschusslöcher in meinem Schutzwall zu, bevor du meine aus strengen Regeln erbaute Selbstschutzmauer letztendlich restlos einreißen konntest.

Wie heißt es so schön: Höre immer auf dein Bauchgefühl!

Wie konnte ich nur, obwohl Hirn und Bauch so vehement „Nein!" schrien, dem zaghaften „Ja!" meines Herzens mehr Gehör schenken.

Aber von vorne:

Gut, das mit den Blicken hatten wir schon. Also weiter.

Eigentlich hat mein Umfeld dein zartes und manchmal auch nicht ganz so zartes Balzen lange vor mir bemerkt. Ich fragte mich dagegen nur, was du denn von mir wollen könntest. Nach außen hin war das ein „Was will DER denn von mir?“, aber im Innern war es eindeutig ein „Was will der denn von MIR“? Zu unsicher war ich mir meiner selbst.

Eben musste ich lächeln, als ich mich an unser Kennenlernen und Annähern erinnert habe. Keine Spur von Aufdringlichkeit, im Gegenteil. Wie ein kleiner Bub mit leuchtenden Augen standest du vor mir. Fast schon süß! Was in der Luft lag, spürten wir beide schnell, und dennoch brauchte es einen ganzen Monat, bis du dich getraut hast, mich auch privat anzusprechen.

Von wegen Gigolo!

Bis wir das erste Mal ausgingen, dauerte es einen weiteren Monat. Und dann ging es eigentlich ganz schnell. Bald war uns klar, dass unser Aufeinandertreffen kein Zufall sein konnte, sondern vielmehr Bestimmung. Zu sehr Yin und Yang. Zu sehr gesucht, gefunden, in Liebe verbunden.

Und doch blieb immer diese leise Stimme in meinem Hirn, die mich dem Ganzen nicht trauen ließ.

Aber du brachtest diese Stimme immer wieder zum Verstummen. Da stand an einem für mich wichtigen Tag ein riesiger Strauß roter Rosen vor meiner Tür. Da kamen über den Tag verteilt und in der Nacht Nachrichten mit einem „Du fehlst mir“, „Ich vermisse dich“, „Ich liebe dich“. Und dann kamen Bilder von einem Haus in deiner Heimat und die Frage, ob ich dort mit dir leben will. Wow!

Mein Herz war offen …

… und dann hast du hineingestoßen. Würde man Schlechtes denken, könnte man meinen, dass du genau auf diesen Augenblick gewartet hattest. Aber nein, ich denke nicht, dass du so böse warst.

Doch nun hattest du mich ganz und gar.

Und dann kam plötzlich diese Wende.

Keine Nachricht mehr. Kein Lebenszeichen. Keine Antwort auf meine Fragen nach deinem Befinden oder nach der bloßen Existenz! Das höchste der Gefühle ist ein knappes „Ja“ auf die Frage, ob es dir gut geht.

That's it!

Ich fragte mich ernsthaft, ob es dir gut geht.

Ob ich etwas Falsches gesagt oder getan habe.

Ob es eine andere Frau gab. Ob alles von vornherein nur eine Lüge war.

Ob jemand ernsthaft all diesen Aufwand um eine Person betreibt, um sich dann sang- und klanglos aus dem Staub zu machen. Ob du wirklich derart schlecht erzogen sein könntest.

Letzten Endes fragte ich mich aber, ob ich mich in allem, insbesondere in dir, nur getäuscht habe.

Es tat weh, sehr weh! Es schmerzte, ich wütete, meine Gedanken fuhren Karussell, bis mir so schwindelig war, dass ich fast gar nichts mehr spüren konnte. Und das dauerte. Und dauerte.

Bis ich mich am Schopf selber aus dem Schlamassel ziehen und endlich wieder sehen konnte, wie wertvoll mein Umfeld, meine Freunde, mein Leben, meine Aufgaben sind. Und ja, wie wertvoll auch ich selbst bin.

Ganz ehrlich: Will ich einen Mann an meiner Seite, für den ich nur eine Option bin? Der kneift, wenn es ernst wird? Der sich im Grunde genommen nur um sich selbst dreht? Der letzten Endes viel zu viel Angst hat, sich wirklich ernsthaft auf einen anderen Menschen einzulassen?

Nein! Ich verdiene einen Seelenmenschen, der mich auf Händen trägt, der mir auf Hirn-, Augen- und Herzhöhe begegnet.

Nein! Ich muss nicht um die Aufmerksamkeit irgendeines Typen betteln.

Nein! Ich bin nicht eine unter vielen und immer verfügbar.

Nein! Ich gehöre nicht zu den Frauen, die einem Mann hinterherlaufen und sich dabei selbst verlieren. (Keine von uns sollte dies tun, Ladys!)

Nein!

Nein! Es liegt nicht daran, dass ich nicht schön, nicht erfolgreich, nicht schlank, nicht sonst irgendetwas genug bin!

Nein! Nein! Verdammt noch mal NEIN!

Ja! Ich bin es wert, geliebt zu werden, genau so wie ich bin!

Ja! Ich habe es verdient, auf Händen getragen zu werden!

Ja! Ich verdiene es, dass man anständig mit mir umgeht – wie man übrigens mit allen Lebewesen auf dieser Welt umgehen sollte!

Ja! Ich bin eine wunderschöne, begehrenswerte, liebevolle, starke, unabhängige und tolle Frau.

Ja! Ich bin eine Göttin.

Noch Fragen?

In einem parallelen Universum sind wir bestimmt ein Paar, haben Kinder, ein Haus, einen Hund und verlieben uns jeden Tag ein bisschen mehr ineinander, bis wir alt und grau und immer noch sehr, sehr glücklich miteinander sind.

Ganz ehrlich, ich liebe dich noch immer … aber mich liebe ich mittlerweile einfach noch viel, viel, viel, viel mehr.

Liebeskummer-Phase 2

Ich fühle Wut und Zorn

Es ist so eine Unverschämtheit
Mich ohne dich leben zu lassen
Jeden Moment in Sinnlosigkeit
Anstatt mit dir zu verprassen
Zerstört hast du mein gesamtes Leben
Was fällt dir eigentlich ein?!
Ich hoffe, du fühlst dich ebenso elend
Wie ich und genauso allein

Elisabeth Schwachulla

Vom Gebrauchtwerden

von Lisa Helmus

Auf dem Ärmel ihres schwarzen Hoodies breiteten sich langsam kleine, dunkle Flecken aus. Su waren diese Flecken in den letzten Tagen vertraut geworden. Sie platzierte eine Reihe sanfter, schneller Küsse auf Felix' Kopf – in der Hoffnung, dass sie eine tröstende Wirkung haben würden. Wie eine Katze schmiegte er sich noch enger in ihre Umarmung und einige weitere Tränen fanden den Weg in den Stoff. Sie hob den Blick und besah sich geistesabwesend das Muster des riesigen Ecksofas, auf dem sie sich mit ihrem Partner Felix eingekuschelt hatte.

Lene hatte es mit ihnen ausgesucht. „Da kann man mit dem ganzen Polykül drauf übernachten!", hatte sie mit ihrer unnachahmlichen Begeisterung durch das halbe Möbelgeschäft gerufen. Als wäre sie ganz sicher gewesen, dass ihr gemeinsames Polykül bald aus mehr als vier Personen bestehen würde. Lene, Tine, Felix, Su. Das war ihr Polykül gewesen – Lene eine feste Partnerin von Tine und Felix, Felix ein fester Partner von Su. Jetzt gab es nur noch Felix und Su. Obwohl Lene nicht mehr hier sein wollte, hatte sie einen Schatten ihrer wechsellaunigen Präsenz in der Wohnung und in ihrem Leben hinterlassen.

In den verschiedenen Räumen von Felix' ehemaliger Junggesellenbude befanden sich bunte Ringelsocken, die halb gestrickt auf den Nadeln hingen, ein zerfleddertes Buch mit dem Titel „The Ethical Slut" und die Hängematte mit den roten Streifen, die sie irgendwann mal angeschleppt, aber nie aufgehängt hatte. Lene hatte ein Talent dafür, Spuren zu hinterlassen – erst in Felix' Erzählungen von seinem Tag, dann in Form von Kratzspuren auf seinem Rücken. Su beneidete sie um dieses Talent. Egal, wohin Lene kam, die Menschen um sie herum wollten sie nicht mehr missen. Lene wurde gebraucht, sie wurde auch hier, in diesem Moment und auf diesem Sofa, immer noch gebraucht.

Felix sah zu Su auf. Die Trauer über die Trennung von Lene, die sich zuvor noch voller Energie Bahnen gebrochen hatte, lag jetzt still in seinen verheulten Augen. „Ist es okay, wenn ich ein bisschen schlafe?“

Stumm nickte Su und streichelte seinen Kopf.

Brauchte Felix Su bei all der Trauer um Lene eigentlich noch? Oder war sie mittlerweile zu einer Selbstverständlichkeit geworden? Und was bedeutete das eigentlich für eine Beziehung – gebraucht zu werden?

Su und Felix hatten die Polyamorie, die Vielliebe, für sich entdeckt, nachdem sie die Erkenntnis gehabt hatten, dass man das eigene Glück eben nicht von einer Beziehung zu anderen abhängig machen sollte. Glückliche Menschen sind auch als Singles glücklich. Unglückliche Menschen finden ihr Seelenheil auch in der harmonischsten Beziehung nicht. Die Arbeit an sich selbst war es, die einen wirklich weiterbrachte. Diese Gedanken hatten für Su jegliche unhinterfragte Anerkennung gängiger Beziehungsformen einbrechen lassen. Monogame Beziehung, Ehe, Kinder, Hausbau, Midlife-Crisis, Rosenkrieg, Scheidung. Sie hatte es in der Generation ihrer Eltern immer wieder gesehen. Das sollte nicht ihr Weg werden.

Gemeinsam mit Felix hatte sie beschlossen, ihre Beziehung zu öffnen und ihre Liebe zu teilen. „Liebe ist das Einzige, das mehr wird, wenn man es teilt“, hatte sie mal auf einem der zahlreichen Polyamorie-Stammtische gehört, die sie zu dieser Zeit besucht hatten. Ein furchtbarer Spruch. Aber die Vision war klar: mehrere Partnermenschen in gleichberechtigten Beziehungen, eine offene Tür für jede Beziehungspartnerin, die sich eingeladen fühlte, gemeinsame Abende als Freunde in großer Runde. Es hatte Hürden und Probleme gegeben, so manchen Abend hatten sie emotional debattierend, teilweise unter Tränen, am Küchentisch verbracht – in unterschiedlichen Konstellationen. Aber der Weg war beschritten und das Muster ihrer Elterngeneration durchbrochen.

Doch war das hier wirklich besser? Ihren Partner in steter Regelmäßigkeit über die gescheiterte Beziehung mit anderen hinwegtrösten? Verkrampft darum bemüht, Neutralität zu wahren, wo eigentlich nur absolut parteiische Wut war? Sie hatte das beobachtet: Bei anderen, monogam lebenden Menschen wären im Freundeskreis Sätze gefallen wie „Sie hat dich doch gar nicht verdient!" oder „Jetzt kannst du dein Single-Dasein auch endlich mal wieder genießen!"

Su und Lene hatte eine Freundschaft verbunden und sie hatten einander nichts vorzuwerfen. Es schien Su nicht zuzustehen, Lene im Nachhinein das Verhalten und die Kommunikationsstrategien anzukreiden, die sie in ständiger Reflexion gemeinsam erarbeitet hatten. Felix hatte Lene verdient, Lene hatte Felix verdient – und mal abgesehen davon, dass Felix trotz der Trennung noch eine Partnerin hatte, war „das Single-Dasein genießen" meist eine Metapher für bindungslose Sex-Geschichten. Und das war einfach nicht Felix' Art. Es würden andere Dates kommen, es würden andere romantische Beziehungen entstehen oder zerbrechen – aber sich gegenseitig Gift und Galle hinterherzuspucken, würde niemanden weiterbringen. Su zweifelte leise am tröstenden Charakter solcher Äußerungen für die verlassene Person.

Sus Hand suchte sich einen Weg Felix' Schultern hinab. Er hatte Lene gebraucht. Sie war ihm eine Partnerin gewesen, wie Su ihm immer noch eine Partnerin war. Ganz anders, und doch genauso intensiv und bedingungslos. Direkt nach der Trennung hatte seine Mutter in einem Telefonat fallen lassen, dass es so schlimm ja nicht sein könne – er habe ja noch Su und könne sich nun trösten lassen. Aber das war nicht dasselbe. Su war nicht Lene und konnte sie nicht ersetzen, selbst wenn sie sich ihre impulsive, sprunghafte Art aneignen könnte. Sie würde nie halb gestrickte Socken liegenlassen, unfertige Projekte, die von einer früheren Motivation in diesem einen ganz bestimmten Bereich zeugten. Keine Beziehung war wie die andere – und jede Trennung brachte ihren eigenen Schmerz mit sich.

Immer wieder mussten sich Felix und Su von Außenstehenden dieselben Fragen anhören. Reicht euch eine Beziehung denn nicht? Bist du sicher, dass das nicht nur eine Phase ist? Seid ihr denn nicht eifersüchtig? Braucht ihr denn wirklich so viele Partner und Partnerinnen?

Was brauchte man denn schon? Brauchte man eine hübsche Wohnung? Einen Garten? Brauchte man ein Haustier? Brauchte man eine romantische Beziehung zu einem anderen Menschen? Sus Antwort war: Nein, nicht zwingend – aber sie machten das Leben so viel schöner. Und doch musste sie sich eingestehen, dass sie gebraucht werden wollte, so sehr sie auch die Unabhängigkeit und die Selbsterkenntnis predigte.

Vielleicht war es gar nicht schlecht, dass Lene jetzt fort war. Vielleicht bedeutete das, dass Felix sie jetzt mehr brauchen würde. Sie fluchte innerlich. Eigentlich hatte sie gedacht, über diesen primitiven Egoismus hinweg zu sein.

Su regte sich, sie zog ihren tränenfeuchten Arm unter Felix' Kopf hervor und reagierte auf sein unverständliches Murren mit einem weiteren Kuss auf den Kopf. Langsam schlich sie aus dem Wohnzimmer in die Küche. Mit beiden Händen stützte sie sich auf der hölzernen Arbeitsfläche ab und seufzte tief. Musste sie Lene vermissen? War es ihre Pflicht als Metamour, als Partnerin ihres Partners, Lene in ihrem Polykül oder als Freundin zu vermissen?

Su öffnete den Küchenschrank über dem Herd und nahm eine Packung Tee heraus. Minze-Süßholz. Noch so eine von Lenes Spuren. Su verzog angewidert den Mund und stellte die Packung zurück. Sie entschied sich für „Kaminfeuer", stellte eine reinweiße Tasse auf die Anrichte und kochte Wasser. Sie brauchte Lene nicht. Sie brauchte ihren Tee nicht und auch nicht ihre Wollsocken oder eines ihrer anderen angefangenen Projekte. Aber sie wusste, dass Felix sie gebraucht hatte, und noch brauchte. Lene war weg. Und doch irgendwie immer noch der Mittelpunkt ihres Beziehungskonstruktes. Denn seit drei Tagen ging es nur um Lene – was Felix hätte anders machen können, was Lene hätte anders machen müssen, wie schön es gewesen war und wie furchtbar. Su hatte ihren Platz in dieser Trauer noch nicht finden können. War sie die tröstende beste Freundin? Die alte neue Beziehung, in die sich Felix jetzt kopflos flüchten konnte, um Lene zu vergessen? Su war angespannt, sie fühlte sich ständig im Weg.

Als sie mit der Teetasse zurück ins Wohnzimmer kam, hatte sich Felix auf dem Sofa aufgesetzt.

„Wolltest du nicht eine Runde schlafen?", fragte Su und bot ihm mit einer Geste ihren Tee an. Felix schüttelte leicht den Kopf und zog sich eine bunte Patchworkdecke über die Beine.

„Irgendwie konnte ich nicht so richtig einschlafen."

Das Schweigen, das für einige Sekunden den Raum erfüllte, war fast greifbar. Ungelenk setzte sich Su an das andere Ende des riesigen Sofas. Sie zog die Beine in den Schneidersitz und sah Felix aufmerksam an.

„Wie geht's dir?"

„Geht so."

Su nickte und schlürfte ihren noch viel zu heißen Tee. Es war seine Art, nicht sofort viele Worte für seine Gefühle zu haben. Sie wartete. Felix' Blick verlor sich im Raum. Er klang traurig, als er wieder das Wort ergriff.

„Weißt du, an diesem Tag mit Tine, da hab ich gedacht, wir hätten es jetzt echt geschafft. Ich dachte, wir wären jetzt irgendwo angekommen."

Wieder nickte Su. Sie kannte die Geschichte, die jetzt kommen würde, aber sie spürte, dass Felix sie ein weiteres Mal erzählen musste.

„Das eine Mal, als ich mit Tine durch den Wald spaziert bin, und sie mir erzählt hat, wie toll Lenes Küsse sind. Ich meine: Wie großartig ist es denn, wenn du mit einem Menschen, den du kaum kennst, durch die Gegend spazierst und dir total einig darüber sein kannst, wie schön es ist, mit einer dritten Person Zeit zu verbringen?"

Felix fuhr mit dem Finger das Muster der Patchworkdecke nach. Er sah Su nicht an und fuhr leiser fort: „Denkst du, es kann immer noch funktionieren? Poly, meine ich."

„Es funktioniert doch schon." Su stellte ihre Tasse beiseite und rutschte näher an Felix heran, ihre warme Hand legte sich auf seinen Oberschenkel, direkt neben ein Patchwork-Herz. Auf einmal fühlte sie sich ganz sicher in ihrer Antwort. „Es hat doch funktioniert. Was hat sich denn geändert, seit du mit Tine durch den Wald spaziert bist?"

„Ich bin jetzt wieder mono."

„Du bist nicht mono. Wir sind nicht mono. Vermutlich waren wir es nie. Nur weil es mit Lene nicht geklappt hat, heißt das nicht, dass diese Beziehungsform für dich nicht mehr stimmt. Wir sind jetzt für eine Weile ein kleines Polykül und das ist okay."

Felix hob den Blick. Seine stahlgrauen Augen fanden Sus. „Ich fühle mich so ungebraucht, Su. Wie Klamotten, die man weitergibt, weil man aus ihnen rausgewachsen ist. Irgendwie austauschbar und beliebig."

„Das verstehe ich. Wirklich. Aber das hat doch mit poly gar nichts zu tun. Ist das nicht normal, wenn eine Beziehung zu Ende geht? Dass man sich austauschbar fühlt? Ich weiß, dass ich mich damals austauschbar gefühlt habe, als Pat die Beziehung zu mir beendet hat. Damals hast du mich getröstet und es konnte irgendwie weitergehen. Aber da hört es ja nicht auf. Manchmal fühle ich mich heute noch austauschbar, wenn du Dates hast oder frisch verliebt bist. Und für Lene war ich wohl auch eine austauschbare Freundin."

Felix schniefte und hielt sich wieder an der Decke fest. Gedanklich schalt sich Su, dass sie den letzten Satz laut ausgesprochen hatte. Sie hatte kein Recht, sich bei Felix darüber zu beschweren, dass die Beziehung nicht gehalten hatte und ihr damit eine Freundin verlorengegangen war.

„Ich wollte einfach nur sagen, dass es normal ist, manchmal an sich oder an einer Beziehung zu zweifeln. Beziehungen sind flüchtig und flexibel – egal auf welcher Ebene. Das bedeutet aber nicht, dass man nicht gebraucht wird oder austauschbar ist. Du bist richtig hier – und ich liebe dich." Eine kurze Pause entstand. Su überlegte kurz, ob sie wieder etwas missverständlich formuliert hatte.

„Danke." Langsam, aber bestimmt, zog Felix sie an sich, zog sie unter die Decke in eine warme, kuschelige Umarmung. Ein Kuss fand den Weg auf ihren Hals und seine Hände legten sich um ihren Oberkörper.

Su schloss die Augen und war dankbar, dass sie sich in Felix' Arme fallenlassen durfte. Das erste Mal seit drei Tagen konnte sie sich wieder ganz entspannen. Ihre Gedanken drifteten ab zu Erlebnissen und Erfahrungen mit Felix. Ihr erster Kuss, der erste Sex, gemeinsame Ausflüge, Orte, die sie gesehen hatten. Dann die Öffnung der Beziehung, die ersten Dates, die ersten Annäherungen mit anderen Polys. Es waren so viele glückliche Erinnerungen und so viele wichtige Lernprozesse. Und Su war sich in diesem Moment absolut sicher, dass noch viele weitere davon den Weg in ihr kleines Polykül finden würden. Ruhig atmete sie aus und genoss die Gegenwart ihres Partners.

„Geh nicht weg. Ich brauche dich", sagte Felix.

Su lächelte.

Liebeskummer-Phase 3

Können wir verhandeln

Kann ich nicht nochmal ganz kurz zurück
Statt mich deinem Willen zu beugen
Um dich von dem gemeinsamen Glück
Und von mir zu überzeugen?
Ich gebe dir auch alles dafür
Ich tue was immer du willst
Wenn du mir im Gegenzug nur
Diesen einen Wunsch erfüllst

Elisabeth Schwachulla

Rene

von Samia Libera Naimi

Du warst überhaupt nicht mein Typ!

NICHTS hat mir äußerlich an dir gefallen! Du warst definitiv kein Schönling, aber als Fußballprofi mit ausgesprochen attraktivem Body schmissen sich dir die weiblichen Fans scharenweise an den Hals. Auch eine meiner damals besten Freundinnen. Ich hielt dich für einen oberflächlichen Macho. Jetzt hattest du dir aber ausgerechnet mich ausgesucht und wolltest mich unbedingt haben.

Doch empfand ich so absolut gar nichts für dich und gab dir einen Korb nach dem anderen. Das hat wohl deinen Eroberungstrieb geweckt, denn du bliebst hartnäckig an mir dran, um mich von dir zu überzeugen. Immer wieder warst du in meiner Nähe und je näher wir uns kennenlernten, desto besser gefielen mir dein Charakter, deine Einstellung und deine inneren Werte. Und ist es nicht das, was wirklich zählt? Der Charakter und das Herz eines Menschen?

Ich kann nicht genau sagen, wann es passiert ist, doch ich habe mich in dich verliebt. Denn du hast dich nach allen Regeln der Kunst verbogen und dich wie ein richtiger Gentleman benommen.

Ich war glücklich erobert und schließlich wurden wir offiziell ein Paar. Plötzlich standen wir im Rampenlicht der Klatschmäuler. Die Schöne und das Biest nannten sie uns, aber das war mir egal. Schließlich ging das niemanden etwas an, nur dich und mich.

Wir verstanden uns hervorragend, lachten viel miteinander, teilten unsere Gedanken und ich erzählte dir mein Innerstes. Du hast mich in deinen Bann gezogen und ohne dass ich es bemerkte, wurde ich emotional mehr und mehr von dir abhängig.

Ich verdrängte meine Gedanken, die mich an dir zweifeln ließen und die vermutlich eine Vorwarnung für das waren, was noch kommen würde. Ich bekam am eigenen Leib zu spüren, dass du ein zweites Gesicht hattest und unsere Beziehung für dich ein Spiel war. Aber da war es schon zu spät, denn ich liebte dich und das war meine Eintrittskarte in die Hölle.

Du hast geglaubt, ich würde dir alles verzeihen und so unrecht hattest du nicht einmal.

Es begann mit kleinen Lügen und Manipulationen. Du hast mich immer öfter versetzt, mich vertröstet, behauptet, mit deinen Kumpels mehr Zeit verbringen zu wollen. Dabei hast du mich wochenlang mit meiner besten Freundin betrogen!

Mein Schmerz, als ich es herausfand, war nicht in Worte zu fassen. Du hattest den Boden geküsst, auf dem ich gegangen war und ich hatte dir alles gegeben, mich dir komplett geöffnet und dann das! Nicht nur mein Herz war gebrochen, ich hatte auch noch eine meiner besten Freundinnen verloren!

Tagelang konnte ich weder schlafen noch essen, ich wusste nicht, wie ich ohne dich weitermachen sollte. Mein ganzes Leben hatte ich an dir ausgerichtet. Ich sah kein Licht am Ende des Tunnels, bis du überraschend vor meiner Tür standest und mich angefleht hast, dir zu verzeihen.

Und weil ich von dir abhängig war, tat ich das auch. Ich verzieh dir und wir führten unsere Beziehung fort.

Der Schmerz saß trotzdem immer stechend in mir. Mein Vertrauen in dich war tief erschüttert. Ich wartete quasi nur noch auf die nächste Enttäuschung, spürte schon, dass es wieder passieren würde. Und dennoch fand ich nicht die Kraft, mich von dir zu lösen.

Ich ging sogar noch weiter und ließ mich auf das Niveau herab, heimlich dein Handy zu durchforsten. Und ja – ich musste gar nicht lange warten, da fand ich Liebesbotschaften von anderen Frauen.

Ich war erschüttert. Was war nur passiert mit mir? Wer war ich? Wieso akzeptierte ich deine Lügen, Ausreden und deine offensichtliche Missachtung meiner Gefühle?

Du wolltest mich nicht gehen lassen und ich klammerte mich irrsinnerweise an die Hoffnung, dass es irgendwann besser werden würde. Ich glaubte dir immer wieder, dass du mich lieben und einfach nur Zeit brauchen würdest, dich zu ändern. Ich nahm es hin, so behandelt zu werden und ließ mich von dir immer wieder um den Finger wickeln.

Doch mit jeder Enttäuschung entfernte ich mich auch ein Stück von dir, bis endlich der Punkt kam, an dem ich nicht mehr konnte. Ich erkannte, dass der Schmerz, wenn ich bei dir blieb, größer sein würde als der Trennungsschmerz. Ich wollte dieses Leben nicht mehr führen, sondern MEINES, so wie ich es mir immer gewünscht hatte.

Ich machte mir ernsthaft Gedanken, warum ich dennoch so schwach und dir ausgeliefert war. Und warum DU mir das alles angetan hast, diese ganzen Qualen und Demütigungen, wo du MICH doch anscheinend geliebt hast? So viele Fragen und keine Antworten, so viele Tränen und kein Ende in Sicht.

Schließlich erteilte ich mir selbst den Rat, den ich eigentlich von meiner besten Freundin hätte hören sollen: Kein Mensch verdient es, so mies behandelt zu werden!

Dann endlich der CUT!

Ich beendete unsere Beziehung endgültig!

Es tat höllisch weh.

Aber ich war stark genug, dich alleine in deiner HÖLLE zurückzulassen.

Ich war FREI! Frei von dir und all deinen Lügen.

Obwohl du meine Entscheidung wieder nicht akzeptieren wolltest, gingen deine neuen Eroberungsversuche ins Leere. Ich war durch mit dir! Zweieinhalb Jahre hatte ich mich behandeln lassen wie Dreck und jetzt war es endlich vorbei.

Leider musste ich feststellen, dass nicht die Enttäuschung über deinen Betrug das Schmerzvollste war, sondern die Reue. Die Reue darüber, so dumm gewesen zu sein, die Reue darüber, mich selbst nicht genug geliebt zu haben. Die Reue, dir immer wieder eine Chance gegeben zu haben. Die Reue, Jahre meines Lebens an dich verschwendet zu haben – das war das allerschlimmste.

Ich brauchte viel Zeit alleine mit mir, um wieder ich selbst zu werden, um meine Selbstliebe zu finden und mir selbst diese Dummheit zu verzeihen. Hätte ich mich früher genug geliebt, hätte ich ein solches Verhalten niemals toleriert und mich nie so abhängig von dir gemacht.

Jetzt bin ich stark!

Unendlich stark!

Nie, nie wieder wird jemand eine solche Macht über mich haben! Vielleicht war es das wert, diese Erfahrung gemacht zu haben, die mich letztendlich doch stark gemacht und gefestigt hat. Denn wenn ich jetzt an dich denke, empfinde ich nur Mitleid, weil du nichts Schönes an dir hast. Du bist von Grund auf falsch und böse. Und DU wirst damit leben müssen, nicht ICH!

Ich brauche keinen anderen Menschen, um mich vollständig zu fühlen – keinen außer MICH. Ich liebe mich, ich vertraue auf mich und weiß, dass ich alles für mich selbst bin. Wenn ich mich zum richtigen Zeitpunkt wieder verlieben werde, weiß ich, dass ich mich nicht mehr selbst aufgeben werde und meiner Intuition folgen kann.

MOND
THIS WAY
AB AUF DEN MOND MIT DIR!
ODER IN DIE WÜSTE.
ODER ZU DEN FISCHEN.

Liebeskummer-Phase 4

Ich resigniere

Jeder Tag ist nun eine Bürde
Ich warte darauf, dass er endet
Und wenn es nie mehr anders würde
Die Zeit hätte ich bloß verschwendet
Kann sie nicht nutzen, nur durchstehen
So kraftlos und ganz ohne Freude
Kann keinen Sinn im Leben sehen
Wenn ich es ohne dich vergeude

Elisabeth Schwachulla

Ein nüchterner Blick auf mein Liebesleben.

von Josephine C. Pratt

Ich habe mich lange nicht verliebt.

Und ich habe es auch nicht verstanden.

Meinen ersten Kuss hatte ich schon im Kindergarten. Aber was verstand ich mit drei Jahren schon von Verliebtsein, geschweige denn von einer Beziehung?

Auch das Thema Sex war für mich simpel gesagt kein Thema. Es interessierte mich einfach genauso wenig wie alles andere, was mit Liebe zu tun hatte. Mit fünfzehn Jahren dachte ich mir auch nichts dabei, weil es ja nicht unnormal ist, wenn man ein bisschen spät dran ist.

Dass ich aber möglicherweise asexuell sein könnte, wusste ich schon eine ganze Weile. Von asexuell habe ich einmal während meiner Abiturzeit in einem Radiobeitrag gehört. Schon damals dachte ich: „Cool, ein Leben ohne den Druck sexueller Aktivitäten. Das gibt es?" Und dennoch dachte ich, dass ich der heteronormativen Gesellschaft angehörte.

Die Tatsache, dass ich niemanden traf, zu dem ich mich wirklich hingezogen fühlte, brachte mich immer wieder auf den Gedanken, dass Asexualität etwas wäre, mit dem ich mit identifizieren könnte. Noch nie in meinem Leben bin ich einem anderen Menschen begegnet, bei dem ich das Bedürfnis verspürte, ihn – salopp gesprochen – flachzulegen. Darüber hinaus schreckte mich ab, dass eine Beziehung auch immer mit Sex verbunden war und ich brauchte und wollte schließlich keinen Sex – ich hatte nicht einmal das Bedürfnis nach sexueller Befriedigung.

Grundsätzlich ist es wichtig zu verstehen, dass Asexualität ein sehr breites Spektrum umfasst. Per Definition ist Asexualität

„die Abwesenheit des Empfindens sexueller Anziehung" . Manche Leute, wie ich, haben wenig bis gar kein Interesse an Sex oder ekeln sich davor, während andere Spaß daran haben. Es gibt Leute, die nur bei tiefen emotionalen Bindungen sexuelle Anziehung gegenüber einem Partner oder einer Partnerin verspüren. Das nennt man demisexuell. Leute, die mal mehr, mal weniger sexuelle Anziehung verspüren, identifizieren sich als grau-asexuell.

Dass die meisten Leute nicht einmal wissen, dass diese sexuellen Identitäten existieren, ist gar nicht das größte Problem für Asexuelle. Das größte Problem ist die Akzeptanz – oder vielmehr die Nicht-Akzeptanz. Selbst innerhalb der LGBTQ+-Bewegung gibt es genug Leute, die Asexualität nicht als Orientierung akzeptieren.

Die Diskussionen, die damit zusammenhängen, kennen mit Sicherheit alle, die dem Spektrum angehören. Mich nerven sie langsam nur noch. Ich habe mich schon online mit Leuten gestritten, die der Meinung waren, dass meine Orientierung nicht akzeptabel sei und so ein Konstrukt wie Asexualität nicht einmal existiere. Eins steht fest: Auch wenn viele meine Orientierung hinterfragen oder nicht daran glauben, für mich ist diese Identifizierung wichtig, weil ich mich nicht länger als Außenseiterin fühle. Wenn einen Dinge wie Sex nicht interessieren, fühlt man sich wie ein Alien. Die Gesellschaft fordert, dass man sexuelles Verlangen hat und dass man aktiv ist. Doch was ist so schwer daran zu verstehen, dass jemand einfach keine sexuelle Anziehung oder kein sexuelles Interesse hat?

Warum muss ich mich überhaupt vor anderen Leuten rechtfertigen? Kann ich nicht einfach so akzeptiert werden, wie ich bin?

Mittlerweile konnte ich jedoch auch feststellen, dass ich zumindest nicht ganz ohne romantische Gefühle bin. Asexuell heißt nicht pauschal, dass man nicht lieben kann – die Sexualität bezieht sich nämlich lediglich auf die sexuelle Anziehung. Nach dem in der Online-Community entstandenen Prinzip des Split Attraction Model können Anziehungen unterschiedlicher Natur getrennt werden. So können Sexualität und Romantik separat gesehen werden, was insbesondere in der asexuellen Community wichtig ist, weil es eben Leute gibt, die trotz der Abwesenheit sexuellen Verlangens nicht alleine durchs Leben gehen wollen. Andere verlieben sich gar nicht. Sie identifizieren sich dann als aromantisch-asexuell, kurz gesagt aro-ace.

Dass ich nicht aromantisch sein kann, habe ich schließlich mit 23 Jahren festgestellt. Eher zufällig habe ich über Bekannte einen jungen Mann kennengelernt, mit dem ich mich augenblicklich verstand und den ich gerne weiter kennenlernen wollte. Zwar war mir das am ersten Abend noch gar nicht so klar, aber als wir uns das erste Mal ohne die Freunde getroffen haben, war ich hoffnungslos verknallt.

Damals steckte ich gerade mitten im Umzug in meine erste eigene Wohnung und dieses Glühen und Dauergrinsen, wenn man an die Person denkt, ist sogar meinen Eltern aufgefallen. Ich musste ständig an ihn denken und irgendwann stellte meine Mutter fest: „Ja, eindeutige Sache, du bist verliebt."

Ich konnte das gar nicht glauben. Mir selbst war es nicht klar gewesen, obwohl es doch so offensichtlich war. Aber es war nicht schlimm. Eigentlich war das Gefühl sogar richtig belebend. Man ist in einem dauerhaften Glückszustand und fiebert jedem Moment entgegen, die andere Person zu sehen – selbst wenn man eine ganze Woche warten muss.

Es war das erste und einzige Mal in meinem ganzen Leben, dass ich richtig verliebt war. Ich habe seitdem schon einige Männer getroffen und es hat nie wieder so geknistert wie damals. Es war wirklich, wirklich schön.

Wir haben ständig etwas unternommen, jeden Abend telefoniert, wenn wir uns nicht treffen konnten, und ich war ständig viel zu lange auf, weil ich entweder am Handy hing oder spät abends nach Hause fuhr. Trotzdem war ich glücklich.

Umso schlimmer war der Moment, als ich realisiert habe, dass es doch nicht passt! Da war die Beziehung noch nicht alt, einige Monate erst. Aber es war trotzdem ein Prozess, der wichtig ist, wenn man sich für einen Lebensweg entscheidet. Die Anfangsphase, wenn man sich frisch verliebt hat, dauert eine Weile und Die Endorphine sind so stark, dass man praktisch alle Anzeichen, dass eine langfristige Beziehung vielleicht keine so gute Idee wäre, absolut ignoriert und sich denkt: „Kein Problem. Das kriegt man hin, da findet man gemeinsam eine Lösung." Das ist dann die rosarote Brille, die auch für eine Weile auf bleiben kann. Aber die Gefühle entwickeln sich, bis die rosarote Brille irgendwann nicht mehr auf der Nase sitzt und man der Realität ins Auge blicken muss.

An sich ist das total klasse, weil man herausfinden kann, wie man sich miteinander arrangieren kann. Auf der anderen Seite ist dies auch oft der Wendepunkt von Beziehungen – meistens ist das schon innerhalb des ersten Jahres, aber manchmal auch erst nach mehreren Jahren der Fall.

Am Ende sind es nämlich immer zwei Personen, auf die es in einer Beziehung ankommt. In meinem Fall hatte es sich schon langsam angebahnt, dass es einfach nicht passen kann. Beginnend mit zwei komplett unterschiedlichen Berufsleben, Nachtarbeit versus dem klassischen 9-to-5-Job, ärgerte ich mich über die offensichtlichen Differenzen hinaus zunehmend über Kleinigkeiten, die mich an meinem Partner störten. Es waren einfach einige Charaktereigenschaften.

Das Schlimmste war aber nicht nur, dass ich mich immer wieder ärgern musste, sondern die Aussicht, dass die Beziehung nicht weiter existieren konnte. Ich hatte meinen Partner wirklich lieb gewonnen. Ein Mensch mit Träumen und Vorstellungen, die ich absolut nachvollziehen konnte. Jemand, der ein bisschen anders über Dinge nachdachte, dem ich alles erzählen konnte, der toll roch, gepflegt war, wunderschöne Augen hatte und der unterm Strich einfach liebenswert war. Innerhalb seiner Familie gab es Differenzen, die meiner Meinung nach vor allem darin lagen, dass er von seiner Familie unterschätzt wurde, er aber auf der anderen Seite auch ein recht neidischer Mensch war. Ich hatte kein Problem, mit seiner Familie auf einen Nenner zu kommen, waren es doch alle ebenso nette, wie unterschiedliche Leute, die mir im Grunde zeigten, dass sie ihn genauso gerne hatten, wie ich ihn.

Aber trotzdem gab es die Kleinigkeiten. Denn so toll er auch war, so hatte er doch Probleme mit sich selbst, die er zu lösen versuchte, für die ich aber keine Lösung finden konnte, weil es einfach charakterliche Probleme waren. Dadurch war er oft mit sich selbst beschäftigt, was sich in egozentrischem Verhalten widerspiegelte. Während ich mir nach der Arbeit mehrfach wöchentlich die Zeit nahm, zu ihm zu fahren, besuchte er mich während der Woche eigentlich nicht, obwohl er aufgrund seiner Arbeitszeiten abends deutlich ausgeruhter war als ich. Ein Moment ist mir sehr präsent in Erinnerung, wo ich abends beim Abwaschen war und er mich anrief. „Willst du noch mit in die Stadt?", hatte er am Telefon gefragt. Die Stadt war mindestens eine halbe Stunde Fahrt entfernt. Er wollte mit einem Kumpel um neun Uhr abends losfahren – an einem Mittwoch! Solche Zeiten konnte ich mir nicht leisten, weil ich früh aufstehen musste. Meine Absage stieß auf Unverständnis. Ich weiß, dass ich manchmal ein Partymuffel bin, aber übermüdet zur Arbeit zu erscheinen, war für mich absolut keine Option. Ich hätte mich gefreut, wenn wir länger hätten telefonieren können und er Verständnis gezeigt hätte – so wie ich Verständnis zeigte, wenn er früh ins Bett wollte oder ihm verzieh, wenn wir verabredet waren und ich erst noch einige Zeit – zum Teil sogar mehr als eine Stunde – warten musste, bis er zu Hause war. Diese kleinen Problemchen wurden irgendwann ein Problem, mit dem ich mich auseinandersetzten musste.

Die Frage war ganz klar: Möchte ich mich auf Dauer mit einer Person, die Aufmerksamkeit und Aktion braucht, sobald sie im Raum steht, in eine langfristige Beziehung einlassen? Kann das funktionieren?

Denn eines stand für mich fest: Auch wenn er mir auf seine Art und Weise versuchte zu zeigen, dass er mich liebte, so führte seine egoistische Art oftmals dazu, dass er mich nicht so beachtete und wertschätzte, wie ich es mir in einer funktionierenden Beziehung vorstellte.

Wenn ich in einer romantischen Beziehung bin, dann bin ich bereit, viel zu geben, über meine Grenzen hinauszuwachsen und sehr offen gegenüber der anderen Person und deren Umfeld zu sein. Ich erwarte im Gegenzug jedoch auch, dass mein Partner bereit ist, ebenso viel zu geben, sodass jeder seinen Part erfüllt.

Treffe ich neue Leute, gebe ich ihnen in der Regel einen großen Vertrauensvorschuss. Sobald irgendwelche Kommentare oder Handlungen jedoch Zweifel in mir säen, muss sich eine Person wirklich bemühen und mir beweisen, dass sie es wert ist.

Damals bei meinem Freund festzustellen, dass sich bei mir ein Misstrauen entwickelte, war nicht einfach. Also ignorierte ich das Gefühl zunächst. Als sich dann aber relativ schnell herausstellte, dass dieses Misstrauen stieg – auch aufgrund des Verhaltens meines Freundes – konnte ich es nicht länger ignorieren. Alleine dieser Prozess war aber immer auch von Enttäuschung begleitet.

Am schlimmsten war (und ist es auch nach wie vor) für mich aber, selbst bewusst egoistisch zu sein. Denn ich musste am Ende für mich entscheiden: Was will ich? Und mich dabei vor allem nicht zu fragen, was meinem Partner guttut, sondern: Was tut mir gut?

Und damals war die einzige logische Option, dass ich die Beziehung beenden musste, denn mein Partner tat mir nicht gut. Und das lag gar nicht unbedingt an dem sexuellen Druck, mit dem er auch ungeduldiger wurde – ich glaube, dass er selbst irgendwann nur noch Fragezeichen im Kopf hatte, weil alle seine Versuche, Sex zu haben, schon beim Vorspiel endeten. Es lag vielmehr an den vielen kleinen Differenzen in unseren Leben, die wir nicht auf einen Nenner bringen konnten. Aber er zehrte eben auch an meiner Energie, was ich bereits nach einigen Monaten schon deutlich spürte.

Letztlich fasste ich die Entscheidung und besuchte ihn ein letztes Mal. Ich glaube, es ist nicht einfach, wenn jemand mit einem Schluss macht. Aber es ist auch nicht einfach, wenn man derjenige ist, der eine Beziehung beendet. Ich wollte ihn nicht verletzen.

Also schob ich einfach alle Schuld auf mich und erklärte ihm, dass die Beziehung nicht funktionieren kann, weil ich asexuell bin. Natürlich war das eine Ausrede, ich denke, dass Asexualität die Liebe nicht aufhält, wenn man sich wirklich liebt. Aber es passte einfach nicht bei uns beiden.

Und es ist mir nicht leicht gefallen. Selbst jetzt, einige Jahre später, denke ich noch oft an ihn und an die Zeit mit ihm. Und dann blutet mir das Herz, weil ich ihn so gerne hatte.

Aber auf der anderen Seite war es die richtige Entscheidung. Und muss man auch nach vorne schauen. Das ist gar nicht so einfach, wenn man weiß, dass man jemanden sucht, der ebenfalls im besten Fall kein Interesse an Sex hat – oder zumindest eine Person, die Verständnis hat.

Man geht auf Dates, die im Nichts verlaufen. Lernt Leute kennen, die etwas von einem wollen, die auch unglaublich nett sind, zu denen man sich aber einfach null hingezogen fühlt. Mittlerweile tut es mir schon immer leid, wenn ich Gefühle nicht erwidere.

Ich habe mich damit arrangiert, noch eine ganze Weile Single zu sein, obwohl ich mich nach einem Partner sehne, der mir gut tut. Ich möchte nicht alleine bleiben und fühle mich manchmal einsam.

Es ist nicht einfach, wenn man doch nur eine Person finden möchte, mit der man sein Leben verbringen kann. Eine Person, mit der man scherzen oder etwas unternehmen kann, mit der man abends nach der Arbeit ausruhen kann und mit der man vor allem auf einem Nenner ist.

Ich kann mir vorstellen, irgendwann zu heiraten. Natürlich kann ich das.

Ich könnte mir sogar, ganz vielleicht, vorstellen, eine Familie zu gründen.

Aber dazu gehören zwei Personen.

Und einen Partner zu finden, wenn man sich nicht so leicht verliebt, ist gar nicht mal so einfach.

Liebeskummer-Phase 5

Die Wahrheit

Doch es ist aus, das ist die Wahrheit
Gibt kein Zurück, nur geradeaus
Nun wartet auf mich neue Arbeit
Scherben? Ich baue etwas daraus
Vielleicht nicht heute oder morgen
Doch sicher werde ich verstehen
Bin beständiger als die Sorgen
Werde heilen und weitergehen

Elisabeth Schwachulla

Eine heimliche Affäre

von Étienne Lyon

Ich erzähle dir meine Geschichte, weil ich finde, dass wir Frauen uns viel zu oft für unser Tun verurteilen lassen. Erst recht, und anders als bei Männern, wenn es uns in Affären treibt.

Nach außen hin war ich für alle die perfekt funktionierende Frau. Im Inneren jedoch war ich jemand anderes: eine Frau, die unglücklich und voller Sehnsucht war.

Mein Mann war mir untreu. Ich wusste es und habe es hingenommen. Unsere Ehe war totgelaufen.

Oder vielmehr: Ich hatte ihm und seinen sexuellen Ansprüchen nicht genügt. Seine Vorstellungen, die sich im Laufe unseres Ehelebens entwickelt hatten, gingen von Sexrollenspielchen als Dienstmädchen bis hin zu Swinger-Clubs.

Ich entzog mich dem und ihn zog es zu anderen Frauen hin.

Ich dagegen suchte Blicke, Flirts mit fremden Männern, nur um mich aufzuwerten und ein Gefühl der Bestätigung zu erfahren. Das war schön, ich habe mich aber nicht auf etwas Festes eingelassen und ging nie bis zu körperlicher Untreue.

Vermutlich war es genau dieser Mangel, weshalb ich mich auf sein wiederholtes Drängen doch darauf einließ: Ich bin – ohne ihn – in einen Swinger-Club gegangen, um mir die Sache mal anzuschauen. Ein mir bekanntes Ehepaar hat mich begleitet, weil ich nicht allein hingehen wollte. Ich habe mich, milde ausgedrückt, tierisch unwohl gefühlt! Nicht meine Welt! Auf so etwas konnte ich mich niemals einlassen! Stattdessen habe ich mich mit den Leuten im Club unterhalten. Ich wollte wissen, warum sie da sind. Der Grund war bei vielen, dass Fremdgehen in der Beziehung nicht erlaubt, doch der Club so eine Art Freifahrtschein war.

Aus ihrer Sicht waren diese Erlebnisse weniger anrüchig als eine heimliche Affäre.

Ich verfiel danach wieder in meinen Alltagstrott. Dann wurde mir von meiner Firma aus ein Megaprojekt angeboten. Eine Geschäftsreise, bei der wir für das Wohl und die Gesundheit der VIP verantwortlich waren.

Mit im Team war ein Bodyguard. Er war groß, kräftig, am ganzen Körper (das entdeckte ich später) tätowiert. So ein bisschen derb, verrucht und eigentlich gar nicht mein Typ. Wir schäkerten ein wenig und ich stellte fest, dass wir denselben Humor hatten. Das hat ihm wohl gefallen. Und gleichzeitig strahlte er aus, dass er irgendetwas Gefährliches an sich hatte, nach dem Motto: Halt dich von mir fern.

Und genau das hat mich natürlich gereizt.

Je öfter er betonte, dass er eigentlich gar nichts für mich sei, umso mehr wollte ich ihn. Und dann begann sein Spiel mit mir. Er zeigte einerseits Interesse und ließ mich wieder abblitzen. Ich habe nicht verstanden, wie man so sein kann wie er. Einerseits so souverän und provozierend, und gleichzeitig so fies und negativ und so verbittert im Leben. Ich hatte das Gefühl, ich muss ihn aus seinem Tief retten.

Seine Macht, die er nach außen demonstrierte, und dann seine innere Traurigkeit und seine Ablehnung. Immer wieder zeigte er mir, dass ich irgendwie für ihn interessant war, er mich aber nicht wirklich wollte. Und obwohl er ziemlich viel Stuss von sich gab, fand ich jedes Wort betörend. Es waren der Tonfall und seine Blicke, die mich fesselten und mich an ihn gebunden haben. Noch nie in meinem Leben habe ich mich so gefühlt.

Zum ersten Mal war ich bereit, mich auf eine Affäre einzulassen. Dieses Komm-her-geh-weg-Spiel, das er mit mir gespielt hat, konnte ich nicht ertragen und meine Gedanken drehten sich nur noch um eines: Pass auf, ich krieg dich noch!

Wir haben uns heimlich über WhatsApp geschrieben. Pause. Wieder geschrieben. So ging es wochenlang. Dann, endlich! Wir haben uns verabredet!

Unser erstes Date fand in der Wohnung meiner Freundin statt.

An diesem Abend ist allerdings noch nichts passiert. Wir haben nur geredet.

Was heißt nur?

Es war intensiv! Ich war von ihm fasziniert.

Kurze Zeit später habe ich ihn zu einem geschäftlichen Einsatz bei einem Klienten begleitet, wo der Alarm ausgelöst worden war. Es war ziemlich abenteuerlich. Nach getanem Job versteckten wir uns heimlich in einem der Räume und er fiel über mich her!

Es war so … langweilig! Keine erotischen Gedanken, keine heißen Gefühle mehr! Ich tat hier etwas Verbotenes mit einem heißen Typen, den ich unbedingt erobern wollte, und es war einfach nur langweilig! Und trotzdem, ich konnte es mir nicht erklären, war ich die ganze Zeit danach mit meinen Gedanken nur noch bei ihm. Ich hatte mich wirklich richtig in ihn verschossen, obwohl er nach diesem Erlebnis auf mich keine sexuelle Anziehungskraft mehr ausübte.

Ich glaube, es war dieses Wechselspiel. Einerseits diese Begeisterung, die er mir gegenüber zeigte, andererseits die Ablehnung, sobald ich mehr in sein Inneres blicken wollte. Er rückte auch nie ganz mit der Wahrheit heraus und hat sich seine Unnahbarkeit erhalten. Ich wusste nicht, wo er wohnte, und erfuhr erst viel später, dass er ebenfalls in einer Beziehung steckte.

Doch damals wollte ich seine harte Schale knacken. Dazu war ich sogar noch ein paar Mal zu heimlichem Sex bereit! Doch er war nicht wirklich offen zu mir. Dagegen suchte er ständig Bestätigung. Die gab ich ihm, weil ich so in dieser Rolle des Gefallen- und Geliebtwerdenwollens gefangen war. Ich wollte, wie er von mir, gesehen, wahrgenommen, angenommen werden. Es kam nichts zurück.

Irgendwann machte ich endgültig Schluss. Die Zeit danach war der schlimmste Liebeskummer, den ich in meinem ganzen Leben erfahren musste.

Ich habe unheimlich viel daraus gelernt: Ich möchte und kann die anderen nicht ändern. Und ich lasse mich von niemandem mehr brechen und vor allem lasse ich mich nie wieder auf Dinge ein, die ich nicht möchte. Meinen Selbstwert, meine Selbstliebe kann ich nur in mir finden, nicht in anderen.

Wie mein Leben weiterging? Mein Mann weiß von meinem Abenteuer und auch von den ganzen vorherigen Flirts.

Wir sind in einer Abhängigkeit zueinander und ja, wir leben noch zusammen unter einem Dach. Wir versuchen, uns so gut es geht aus dem Weg zu gehen und einen Umgang mit gegenseitigem Respekt zu wahren.

Es ist jeden Tag ein Kampf. Ich bin bestimmt nicht die einzige Frau, die in so einer Situation gelandet ist.

Meine Geschichte endet hier nicht mit „Fuck you, boy“, sondern mit „ich brauche mehr Zeit für mich, um mich zu finden und herauszufinden, wie ich meinen Weg fortsetzen möchte“.

Ich weiß nicht, ob und wann ich jemals eine neue Beziehung möchte. Ich glaube, mein Traumprinz müsste erst mal gebacken werden.

Teufelskreis

von Elisabeth Schwachulla

Ich war des Lebens müde geworden, war unter vielen Menschen allein. Nichts wünschte ich mir sehnlicher als einen Partner und nichts machte mich glücklicher, als den idealen zu finden. Er war wie von Zauberhand erschaffen, war perfekt im Sinne von wunderschön und unfehlbar.

Wir lernten uns zufällig in einem Club kennen, verabredeten uns für ein Date. Bei unserem zweiten Treffen waren wir bereits offiziell zusammen, beim dritten gestanden wir einander unsere Liebe. Alles ging rasend schnell, war intensiv und unglaublich toll. Er kochte für mich, schrieb mir jeden Morgen eine liebevolle, fast kitschige SMS.

Bereits ab der ersten Woche unserer Beziehung verbrachten wir jeden Tag und jede Nacht miteinander. Es schien, als seien alle meine Wünsche in Erfüllung gegangen. Doch schien ich nicht gut genug, um diese zu verdienen. Er war fehlerlos und wir beide nahmen ihn so wahr. Ich hingegen war gebeutelt vom Leben, gezeichnet von Fehlern und zu emotional, um rational zu denken. Während er mein Verhalten zum Besseren kehren und mein Äußeres seinem Geschmack anpassen wollte, wuchs in mir das Gefühl, nicht schnell genug in seine Richtung zu wachsen und nicht großartig genug zu sein, um seine unfassbare Liebe behalten zu können. Ständig zweifelte ich an der Zukunft unserer Beziehung und fürchtete, von ihm verlassen zu werden. Ich fühlte mich neben ihm immer blasser werden, immer verzweifelter. Jeder Moment, in welchem ich aufgrund meiner Unsicherheit weinte, machte mich noch unattraktiver und vergrößerte dadurch meine Verlustangst.

Es war ein Teufelskreis, der mein ganzes Leben ausfüllte. Denn sobald ich ihn traf, hatte schlagartig alles – abgesehen von ihm und unserer Beziehung – an Bedeutung verloren. So war das goldene Nest unseres Alltags gleichermaßen Gefängnis wie Schutz für mich. Packte mich auch manchmal die Sehnsucht danach, einfach davonzufliegen, fühlte ich mich doch zu schwach dafür. Ich war auf seine Liebe, sein Wohlwollen angewiesen. Ich wollte nur ihn und gut genug für die Rolle seiner Partnerin sein.

Nach zwei Jahren unserer Beziehung hatte er mich wie durch ein Wunder noch immer nicht verlassen und das Häuflein Traurigkeit an seiner Seite wie ein notwendiges Übel akzeptiert. Als wartete er nur geduldig darauf, dass seine Freundin sich wieder fangen und vor Lebensfreude strahlen würde, dass nicht mehr jeder einzelne Tag von Streit geprägt sei.

Wir zogen in eine gemeinsame Wohnung und wünschten uns beide einen friedlichen Neubeginn. Ich hatte längst vergessen, wer ich ohne ihn überhaupt war. Mein Leben fühlte sich an, als sei es so perfekt wie er. Alles darin war komfortabel und luxuriös – die Möbel, die Speisen, die Kleider.

Nur ich passte nicht hinein. Ich war traurig und kompliziert und hatte doch offenbar keinen Grund dafür. Niemand verstand mich. Oder besser gesagt: Er, mein Goldstück, verstand mich nicht. Durch die enge Art unserer Beziehung, durch meine komplett auf ihn fokussierte Wahrnehmung, hatte ich mich Tag für Tag, Monat für Monat weiter von Freunden und Familie entfernt.

Unsere neue Wohnung war der Gipfel meiner – teils selbstgewählten, teils von ihm auferlegten – Isolation. Ich sah nur noch ihn, ich hatte nur noch ihn und er verstand mich nicht. Im Gegenteil, er gab mir das Gefühl, psychisch gestört zu sein und ließ mich all meine Gedanken und Gefühle hinterfragen.

Von Anfang an hatte er betont, wie wichtig ihm ein ansprechendes Äußeres war. Nun fand er es irrational, dass ich mich nur stark geschminkt als schön wahrnahm. Übertrieb ich? Bereitete ich uns all diesen Kummer ohne sein Zutun? Mein Weinen, meine Depression, meine Einsamkeit – hatten sie Bedeutung, wo er doch alles richtig machte? Ich sollte ja nur glücklich sein und mich des Lebens freuen! Warum gelang mir diese einfache Aufgabe nicht, obwohl sie doch all unsere Probleme lösen würde? Hatte ich denn nicht genau das, was ich wollte?

Während der gesamten Zeit unserer drei Jahre andauernden Beziehung gelang es mir nicht, die Wahrheit zu erkennen. Ich nahm lediglich wahr, dass ich Angst vor ihm und seinem Urteil hatte, ich mich ignoriert und gedemütigt fühlte. Immer war ich es, die nach einem Streit zu ihm geschlichen kam und keine Gnade erfuhr. Ich war es, die sich in Reizwäsche posierte, um ihm eine Freude zu machen und aufgrund harscher Kommentare zu schluchzen begann. Nichts gelang mir – weder ihn glücklich zu machen noch selbst zufrieden zu sein. Mein Leben war ein Scherbenhaufen und ich umklammerte ihn mit blutenden Fingern, unfähig, loszulassen.

Er war so anders als ich. Scheitern und Verzweiflung gab es für ihn nicht. Jeder Fehler war eine Erfahrung, kein Fehler veränderte sein Selbstbild. Er war das genaue Gegenteil von mir. Denn ich schien lediglich aus Fehlern zu bestehen, meine Verzweiflung war einer von ihnen. Er ging durch die Welt, als wäre sie ein Raum, als könne man sie messen und begreifen und bewältigen.

Ich zerbrach an der Welt wie Wellen an schroffer Küste, setzte mich Tag für Tag neu zusammen, als seien meine Einzelteile mit der Zeit nicht lose geworden und ich somit instabil und fragil.

Er beurteilte Menschen oder Begebenheiten anhand von Eindrücken und Informationen. Er versetzte sich nicht in sie hinein, er bemitleidete niemanden. Er war ein gnadenlose Richter.

Nichts konnte ihm etwas anhaben und nichts konnte das ändern.

Meine subjektive Wahrheit wog nichts, sie war lediglich ein weiterer Fehler, den es auszumerzen galt. Doch ich selbst konnte sie nicht länger bekämpfen. Wochenlang lag ich depressiv auf der Couch und konnte mich zu nichts aufraffen. Unsere Streitigkeiten wurden häufiger, heftiger, verletzender. Mein Wille, die Beziehung aufrechtzuerhalten, litt unter ihnen. Nicht, weil ich den

Wahrheitsanspruch meines Partners anzweifelte, sondern weil ich diesem niemals gerecht werden konnte.

Nach Monaten sprach ich erstmals wieder mit meinem Bruder, welcher meine Zweifel verstand. Das überraschte mich. All diese Zeit über hatte ich geglaubt, meine Bedürfnisse hätten keine Daseinsberechtigung, meine Traurigkeit keinen Grund.

Für ein paar Tage zog ich in mein Elternhaus, um über meine Beziehung nachzudenken. Obwohl mir dieser Schritt notwendig erschien, hielt ich ihn für unfair. Warum tat ich das meinem unfehlbaren Freund an? Ihm, der doch so viel Geduld mit mir hatte und fehlerlos war.

Ich beschloss, mit ihm zusammenzubleiben und mich noch mehr anzustrengen, um unsere Beziehung zu verbessern. All meine Bemühungen scheiterten. Den selbst gebastelten Adventskalender, in welchen ich viel Zeit, Kraft und Geld investiert hatte, schätzte er kaum wert.

An Silvester musste ich an der Garderobe eines Clubs arbeiten und er besuchte mich, um mir Gesellschaft zu leisten. Doch ich hatte zu wenig Zeit für ihn und so fuhr er genervt nach Hause.

Ich war müde und gestresst, darüber hinaus ziemlich betrunken, als ich seine SMS erhielt. In diesen paar Zeilen, um sieben Uhr morgens am Neujahrstag, machte er mit mir Schluss. Verzweifelt und verheult fuhr ich dennoch in unsere gemeinsame Wohnung und legte mich neben ihm schlafen.

Später am Neujahrstag erfuhr ich nach ein paar Stunden Schlaf, dass er es nicht so gemeint habe. Auch nach einem Streit bei der Geburtstagsfeier meines Bruders hielt ich unsere Beziehung für beendet. Zu viele Tränen waren aus mir geflossen, grausam verletzende Worte gefallen wie Hagel.

Doch er hielt an unserer Beziehung fest, bis ich es nicht mehr konnte. Sie war zu schwer und ich einfach zu kraftlos geworden. Zwar erschien mir die Vorstellung, ohne ihn zu leben, unmöglich – schließlich machte er mein ganzes Leben aus, doch ich war einfach zu schwach für das, was ich hatte. Mit der Vorstellung, einfach nur mich selbst finden, verbessern und neue Kraft schöpfen zu müssen, verließ ich ihn. Ich zog mit dem Gedanken, nicht genug für ihn zu sein und daran arbeiten zu wollen, aus unserer gemeinsamen Wohnung aus.

Erst später konnte ich erkennen, dass weder diese Beziehung noch dieser Mensch jemals richtig für mich waren oder sein würden. Doch in jenem Moment, in welchem ich beides aus reiner Verzweiflung zurückließ, gab es lediglich Kummer für mich. Liebeskummer, der zu gewaltig war, um ihn in Worte zu fassen. Dazu kam ein Gefühl von Einsamkeit, welches ich erst zu lieben lernen musste.

Ich will einmal versuchen, es zu erklären: Es wird Abend und plötzlich ist alles wie ein dunkler, stiller Mantel um mich gelegt. Ich bin darin wie ein Baum im nächtlichen Wald. Es ist kalt und einsam.

Nun stürzt das Vergessene auf mich ein. Der unendliche Verlust, dieser unerträglich schmerzvolle, riesige Verlust. Er raubt mir den Atem, mein Puls rast in winzig kleinen eiskalten Nadelstichen und mein Kopf wird leer, er zeigt ein Störbild aus grauen Punkten von Licht. Ich würde gerne weinen, doch die Tränen haben nicht ausreichend Kraft, um bis nach oben zu steigen.

Ich denke: „Ich wusste nie, wie ich ohne ihn leben soll."

Und dann denke ich: „Ich wusste noch nie, wie ich leben soll."

Es ist überhaupt nicht so, wie ich mir Liebeskummer vorgestellt habe.

Dass ich ihm alles zeigen, erzählen, ihn Dinge fragen will, ist schnell vergangen. Ich habe mich gewöhnt an dieses Leben ohne ihn. Es ist auch nicht so, als würde ich etwas Spezielles vermissen. Wenn ich an Ereignisse und Gewohnheiten denke, werde ich traurig – doch es ist okay, ohne sie zu sein. Wenn ich mir sein Gesicht vorstelle, seinen Körper, sein Wesen, dann ist es nicht dieses Bild, das mich zum Weinen bringt. Es ist etwas Unsichtbares, etwas überhaupt nicht Greifbares und doch hat es mich und mein Leben komplett ausgefüllt. Ich würde es Liebe nennen, wenn das treffend wäre, doch das ist es nicht. Es war etwas.

Es war eine ganz neue Welt, die in der Luft lag. Es waren Verheißung und Enttäuschung und alle schönen und schrecklichen Momente. Alles, was man jemals wissen oder hoffen oder fürchten konnte. Es war all das, woraus das Leben nun mal gemacht ist – auf einmal anwesend.

Es war erkennbar, weil eben nicht irgendwo im Hintergrund des Menschen wirkend und wandelnd. Es war greifbar, weil es zwischen uns lag. Nicht wie eine Barriere, sondern wie ein angenehmer Duft, ein schlafendes Baby oder eine Picknick-Decke. Es hatte durch uns einen Rahmen gefunden, in dem es sich spannen konnte.

Hat man nur einen Punkt und nichts anderes, so bleibt alles an ihm bloß ein Punkt. Zwischen zwei Punkten aber gibt es eine Linie. Und zwischen zwei Menschen gibt es etwas, das zu groß und gleichzeitig zu undeutlich ist, um immer bemerkt zu werden.

Zwischen uns war alles. Ich habe es nicht mehr ertragen, auf jenem Punkt zu stehen, doch ich weiß auch nicht, wie ich jemals wieder einen zweiten Punkt finden kann. Was sollte sich zwischen mir und diesem anderen spannen?

So stehe ich also hier auf meinem neuen Punkt und er gefällt mir gut. Es ist wirklich der Platz, den ich mir aussuchen wollte.

Aber – und darum reicht die Nacht so kalt von allen Seiten an mich heran: Es ist eben nur ein Punkt. Und nichts in der Nähe, was den Kummer noch abhalten könnte.

Fragwürdig

Wie ein Wort, das du nie sprechen wolltest
Hast du mich zurückgenommen
Gabst mir keine Chance auf Wortgefechte
Das Schweigen war bereits begonnen
Die Rede und deine Wortlosigkeit
Handelten von Liebe
Und wem willst du sie geben können
Wenn ich sie nicht verdiene.

Elisabeth Schwachulla

Zeug, Zeug, Liebeskummer!

von Jade K. Skye

Zu Beginn sollte ich vielleicht festhalten, dass Liebeskummer etwas sehr Individuelles ist. Es gibt kein perfektes Rezept, um mit den Gefühlen klarzukommen, die Liebeskummer in einem hervorruft. Aber das ist auch okay.

Manche Websites und YouTube-Channels versuchen, eine feste Norm und Regel für solche Dinge zu finden. Es gibt viele Menschen, die auf irgendetwas oder irgendjemanden schwören, um durch solche schweren Zeiten zu kommen. Wenn man etwas gefunden hat, was einem hilft, dann freue ich mich riesig für die betroffene Person.

Aber mach dich nicht fertig, wenn diese Wundermittel für dich einfach nicht funktionieren. Du wirst auch noch etwas finden, was für dich funktioniert. Eine Methode entwickeln, die dir weiterhilft. Man darf, wie bereits erwähnt, nicht vergessen, dass Menschen so individuell sind wie der Liebeskummer, den sie empfinden.

Und mit diesen Worten nehme ich dich jetzt einfach einmal mit in meine Welt des Liebeskummers. Vielleicht erkennst du dich wieder oder vielleicht findest du etwas in meinen Zeilen, das dir weiterhilft. Sei es Trost oder eine neue Methode, um mit Liebeskummer umzugehen. Du bist auf jeden Fall nicht allein!

Ich sollte vielleicht noch kurz etwas zu mir sagen, bevor es richtig losgeht.

Ich bin eine Schwarze Cis-Frau.

Warum ich das betone? Weil die Ursachen für meinen Liebeskummer sich in vielen Fällen von denen unterscheiden, die Weiße Menschen haben. Denn auch wenn man es nicht wahrhaben will, Schwarze und Weiße Lebensrealitäten sind noch immer sehr unterschiedlich.

In vielen Fällen hängen die Probleme und das Ende einer Beziehung an der Tatsache, dass der Freundeskreis oder die Familie der Partnerperson ein Problem mit mir hat. Nicht, weil ich unsympathisch wäre, sondern einfach, weil ich anders aussehe und damit nicht in ein gewisses Familienbild passe, das noch immer in den Köpfen mancher Menschen besteht. Mit diesen Worten starten wir einfach gleich ins Abenteuer!

Viele Menschen nennen sich aufgeschlossen oder „open minded". Diese Aufgeschlossenheit endet aber meistens vor der eigenen Haustür.

„Ich habe ja kein Problem mit Schwarzen, aber in meiner Familie muss ich sie jetzt nicht unbedingt haben!"

So oder so ähnlich habe ich das schon bei mir oder Freund*innen mitbekommen. Und die Gefühle, die in einem entstehen, wenn man merkt, dass man von Anfang an gar keine richtige Chance bekommen hat, sind erschlagend.

Denn seien wir einmal ehrlich: Man hat keinen Einfluss darauf, welche Hautfarbe man hat. Wenn man danach beurteilt wird, dann kann das niederschmetternd sein.

Nicht, dass man dieses Gefühl als Schwarzer Mensch nicht aus anderen Lebensbereichen schon kennen würde, aber Liebe ist einfach eine ganz andere Hausnummer. Es hängen so viel mehr Gefühle daran und so viel mehr Selbstzweifel, wenn es nicht funktioniert. Für mich war dieser unterschwellige oder zum Teil sehr offensichtliche Rassismus bisher die größte Hürde. Denn zusätzlich zu einer Weißen Sozialisierung und einer Medienlandschaft, die mich weder repräsentiert noch angesprochen hat, wurde mir noch einmal vor Augen geführt, dass ich einfach nicht „dazugehöre".

Wenn sich herauskristallisiert hat, dass egal ist, was ich sage oder tue, dann fingen bei mir die Selbstzweifel an. „Hätte ich bloß ... Wenn ich doch nur ... Vielleicht könnte ich ja ..." Und das ist reines Gift für die Seele!

In meinem Leben habe ich sehr viel Zeit damit verbracht, mir anzuhören, dass ich bestimmte Dinge nicht tun kann, weil ich so aussehe, wie ich aussehe. Und lange Zeit habe ich mich deshalb auch davon abhalten lassen. Die Selbstzweifel wurden so groß, dass ich mir selbst eingeredet habe, dass ich nicht mehr als ein vorübergehender Zeitvertreib sein kann. Nicht mehr und nicht weniger. Cis Männer würden für das Abenteuer kommen, sich die Hörner abstoßen und dann aber zu einer Lisa oder Marie gehen, wenn sie sich dann richtig binden wollen.

Und dann habe ich aufgehört, den Mist zu glauben, den mir Menschen versucht haben einzureden. Ich habe versucht, die Zweifel in den Griff zu bekommen. Aber bis ich an den Punkt gekommen bin, an dem ich jetzt stehe, habe ich Jahre gebraucht. Vielleicht schaffst du es ja jetzt schneller, wenn du meine Zeilen gelesen hast.

Wie habe ich früher um beendete Beziehungen getrauert?

Sehr, sehr lang. Und mit sehr viel Selbstmitleid verbunden. Ich war zuallererst wütend. Auf mich selbst. Warum? Weil ich es mir hätte denken können. Wie konnte ich nur hoffen, dass es dieses Mal anders werden würde? Wieso sollten diese Menschen etwas anderes in mir sehen, als das Stereotyp, das ihnen in sämtlichen Medien gezeigt wird?

Dann war ich traurig, weil eine für mich sehr wichtige Bezugsperson weggebrochen ist. Natürlich sind Freunde nach einer Trennung für einen da. Aber eine Beziehung war für mich immer noch etwas Spezielles. Ein besonderer Anker oder Fels in der Brandung.

Das heißt, dass ich mich in meinem Zimmer zurückgezogen habe und ganz typische Herzschmerzmusik gehört habe. Den ganzen Tag. Und vielleicht habe ich das ein oder andere Mal sogar verschnieft mitgesungen. Aber das bleibt unter uns!

Die nächste und letzte Phase beinhaltete Ablehnung. Alles, was im Entferntesten männlich aussah, wurde gemieden. Ich wollte nichts mehr davon hören oder wissen. Und das hielt so lange an, bis ich irgendwann eine vielleicht interessante Person kennengelernt habe.

Und dann ging der Kreislauf von vorne los. Man lernt sich kennen, man findet sich super. Man ist zusammen. Und irgendwann im Laufe der Beziehung lernt man die Eltern oder Freunde kennen. Diesen Schritt habe ich im Laufe der Zeit immer weiter hinausgezögert. Denn meistens kamen dann die komischen Blicke und das Getuschel. Dann wusste ich direkt, dass ich innerlich schon Abschied nehmen darf.

So viel zum normalen Ablauf. Aber ich habe mich ja weiterentwickelt. Und ich hoffe, dass du dir diesen langen Prozess der Entwicklung sparen kannst, oder einschätzen kannst, wo du dich bereits befindest.

Nachdem ich das Ganze ein paar Mal mitgemacht habe, wurde es mir selbst zu viel. Ich habe es nicht mehr eingesehen, um jemanden zu trauern, der mich auf Grund einer reinen Äußerlichkeit verlassen hat, obwohl man sich davor so gut verstanden hat. Und dann habe ich damit aufgehört.

‚Einfach damit aufgehört?', fragst du dich vielleicht. Und meine Antwort ist ein klares „Jein!"

In manchen Fällen ging es besser und in anderen etwas schlechter. Aber ich habe immer mein Möglichstes versucht, um nicht zu viel Zeit an Menschen zu verschwenden, die diese offensichtlich nicht wert waren.

Ich habe stattdessen versucht, mehr Energie in mich und meine Freundschaften zu stecken. Denn ich durfte endlich auch erkennen, dass eine echte Freundschaft dir eintausendmal mehr bringt, als eine schlechte Beziehung. (Klingt ziemlich weise, wenn ich das nochmal so lese.) Und dass eine glückliche Jade viel schneller über Liebeskummer hinwegkommt, als eine isolierte und eingeigelte.

Ich habe begonnen zu begreifen, dass meine Freunde für mich da sind. Dass sie mich unterstützen und dass ich eigentlich nicht nur meinen Partnermenschen als Fels in der Brandung sehen kann und sollte, sondern auch meine Freunde. Und ab dem Punkt ging es für mich bergauf. Ich hatte Freundinnen, die sich mit mir über die vergangene Beziehung aufgeregt haben. Alternativ haben wir uns einfach zusammengesetzt und gemeinsam gelacht oder gefeiert. Wer will schon Trübsal blasen?!

Ich hatte Kumpels, die mich aufgebaut haben. Es wurde gezockt oder Sport gemacht. Ich wurde von meiner Wahlfamilie wieder daran erinnert, was mich eigentlich glücklich macht. Und auch, wie toll es ist, diese Dinge mit Freunden zu tun. Manchmal hat man sogar zusammen ein Tinderprofil erstellt und gemeinsam den „Markt ausgekundschaftet".

Ich tat immer das, was sich für mich in dem Moment richtig angefühlt hat. Aber ich habe versucht, mich dabei nie unter Druck zu setzen. In solchen Momenten war mir immer am wichtigsten, dass ich mich wieder gut fühle. Dass ich mich in meiner Haut wieder wohlfühle. Und das geht nicht, wenn man sich selbst unter Druck setzt.

Natürlich war trotzdem nicht alles sofort und immer eitel Sonnenschein. Aber es hat geholfen, zu wissen, dass ich nicht allein bin. Und wenn ich mich trotz der ganzen Unterstützung einmal allein gefühlt habe, dann konnte ich ja immer noch auf Herzschmerzmusik und schniefendes Singen zurückgreifen. Altbewährte Hausmittelchen eben. (Aber psst!)

Ich hoffe, dass du das eine oder andere Mal bei deiner Lektüre schmunzeln konntest. Zum Schluss habe ich noch ein oder zwei Tipps für dich.

Vergiss nie, dass du nicht allein bist! Deine Freunde und/oder Familie sind für dich da und halten dir den Rücken frei. Du kannst dich darauf verlassen, dass es dir bald besser gehen wird, wenn du dich darauf einlässt, nicht allein mit deinem Schmerz zu sein.

Erinnere dich immer daran, wer du bist! Man neigt dazu, zu vergessen, wer man ist, wenn man versucht, eine Trennung zu überstehen.

Aber:

Du bist cool!

Du bist liebenswert!

Du bist superdupertoll!

Du bist lustig!

Du kannst Dinge!

Du weißt Dinge!!!

Versinke nicht in Selbstzweifeln, weil eine andere Person dich nicht kennenlernen wollte, weil du „anders" aussiehst oder bist. Die Person hat etwas Wundervolles verpasst!

Gönn dir was! Tu Dinge, die dir Spaß machen. Ob allein oder mit Freunden. Du wolltest schon immer mal in diesen einen Laden reinschauen oder dieses eine Restaurant ausprobieren? Ein bestimmter Film, der dich interessiert? Ein Hobby, dass du ausprobieren wolltest?

Nutz deine Zeit für konstruktive Dinge, anstatt dich selbst fertig zu machen. Glaub mir, deine Zeit ist so viel, viel besser genutzt. Und definitiv mehr wert.

Erlaube dir, auch mal traurig zu sein. Ich weiß, dass ich geschrieben habe, dass du deine Zeit nicht an solche Menschen verschwenden solltest. Aber du bist nun mal keine Maschine und Gefühle kann man nicht einfach ausschalten (auch wenn das ziemlich cool wäre). Sei traurig, sei wütend, aber versinke nicht darin. Du bist ein cooler Mensch! Und das Leben ist zu schön, um es sich von solchen Dingen schlechtmachen zu lassen.

Hör nicht auf, dich selbst zu reflektieren. Das hilft dir, um mit möglichen Selbstzweifeln zurechtzukommen. Wenn du dir immer im Klaren bist, wer du bist und was für ein Mensch du sein willst, dann haben Selbstzweifel kaum eine Chance. Hör oft in dich hinein!

Halte dich nicht an allgemeine „Regeln“. Du musst nicht wochen- oder monatelang trauern und dich von potentiellen Partnerpersonen fernhalten. Manchmal ist einem nicht nach trauern, obwohl eine Beziehung gut war. Das ist nicht schlimm und mit dir ist alles in Ordnung.

Manche Menschen verarbeiten solche Dinge einfach anders. Wenn du besser mit deinen Gefühlen umgehen kannst, wenn du flirtest und auf Dates gehst, dann tu das und lass dich nicht dafür „shamen“. Mit dir ist alles in Ordnung! Du musst keine Trauerphase einhalten, bevor du dir wieder erlauben darfst, glücklich zu sein oder Spaß zu haben.

Wahre Worte
berühren dein Herz.
Wahre Gedanken
stärken deine Seele.
Wahre Tritte sorgen
für Gerechtigkeit.

#dein_liebeskummer #EXpressmotivation #shitisdone

Bücher, Musik & Filme

www.deinliebeskummer.de/Medientipps

Scanne den QR-Code mit
deinem Smartphone und
hol dir mehr Tipps. ❤️

Bücher

Welcher Wattetupfer ist bitte bei Liebeskummer besser geeignet als Lesestoff? Verkrümel dich mit lebensnotwendigen Vorräten in dein Lieblingsversteck und beame dich für eine Weile in die Welten, die andere für dich geschaffen haben.

Dead Boy: BLEAK

Cormack McCarthys „The road“. Das trostloseste Buch, das ich je gelesen habe. Es hat mir über das Ende meiner Ehe hinweggeholfen, weil danach alles nicht mehr so schlimm ist.

JADE S. KYE: BRUTALES GLÜCK

Als Buch wähle ich das, was mich in dem Moment glücklich macht. Bücher dürfen auch brutal sein.

JOSEPHINE C. PRATT: ANDERWELT

Für Leute wie mich darf das Buch was Kurzlebiges sein. Ich würde, denk ich, „Bleach“, die Mangareihe, noch mal durchlesen, aber „Jesus liebt mich“ von David Safier ist auch relativ kurzatmig – und bringt positive Emotionen.

Bei Büchern möchte ich möglichst in andere Welten eintauchen, bis es mir wieder besser geht.

LISA HELMUS: LIEBE PESSIMISTISCH

Ich liebe Sabine Wirschings pessimistische Sicht auf die Liebe als Konzept. Irgendwo ist bei ihr immer ein Twist drin: Unter dem Teppich findet man dann doch noch mal die hässliche Seite der Beziehung, die grade noch rosig aussah. In „Man kann sich nicht immer aufhängen" schreibt sie großartige Kurzgeschichten über die Liebe, die meisten davon allerdings dann doch eher über den Liebeskummer. Großartige Autorin!

ELISABETH SCHWACHULLA: WACHSTUM

Mein Lieblingsbuch ist „Wachstumsschmerz" von Sarah Kuttner. Die stellt dort ein paar wichtige Fragen, zum Beispiel: Wie kann man der Liebe vertrauen, wenn man nicht mal sich selbst vertraut?

SIMONE HÄRTER: SO'N SOCKENDING

„Liebling, vergiss die Socken nicht!" von Maeve Haran. Total banal, komplett schnulzig, aber immer wieder lesbar. Auch der humor- und gefühlvolle Roman von Gaby Hauptmann – „Lebenslang mein Ehemann?" trifft den Nagel auf den Kopf.

SAMIA NAIMI-MUTLU: NETT?

Sherry Argov: „Warum die nettesten Männer die schrecklichsten Frauen haben … und die netten Frauen leer ausgehen". Weil es einen stärkt und dazu bringt zu reflektieren, was man eventuell auch selbst falsch gemacht hat, wie man in Zukunft stärker sein kann und dass man sich nicht mehr schlecht behandeln lassen darf. Zugleich ist es lustig geschrieben.

SOPHIE MARIE HÄRTER: ROMANTIK! (WAS SONST?)

Jane-Austen-Romane wie „Stolz & Vorurteil" oder „Sinn & Sinnlichkeit". Hast du auf Netflix schon „Bridgerton" gebinged? Dazu gibt es auch den Roman von Julia Quinn: „Bridgerton. Der Duke und ich".

Musik

Die richtige Musik räumt die Seele auf. Mir ihr können wir unsere Gefühle ausdrücken und kanalisieren. Wir können unser Leid hinaussingen oder schreien, weil sie unseren Schmerz lösen, die Verletzung und all den anderen Mist.

Ob du mit Haarbürste in der Hand und Tränen in den Augen im Wohnzimmer rumspringst, dich dazu im Bett zusammenkrümelst oder dich zum Beat auf dem Waldpfad auspowerst: Diese Liebeskummersongs sind für dich da!

Dead Boy: ABGESCHNITTEN

„Scissors" von Slipknot. Weil sich Liebeskummer so anfühlt, verdammte Scheiße! Findest du auf YouTube.

SIMONE HÄRTER: DOUBLE SHOT

Erst „All by myself" von Eric Carmen und dann „Männer sind Schweine" von Die Ärzte – weil nach dem Augenausheulen und dann dem Wutablassen alles nur noch besser werden kann.

JADE S. KYE: RICHTIG BRUTAL

Lieder müssen für mich je nach Phase des Liebeskummers richtig brutal sein. Deshalb: „Last to know" von Three Days Grace und „Nur ein Kuss" von Die Ärzte.

JOSEPHINE C. PRATT: ZUM REINFALLEN LASSEN

Parson James: „Stole the show" – nicht die Version mit Kygo! Tatsächlich verarbeite ich Dinge in einer depressiven Phase, in der ich mich in sehr depressive Musik einlulle und viel schreibe.

LISA HELMUS: ZUM REINSCHMEISSEN

„Jenny" von Nothing More ist für mich ein Song, den ich Liebeskummer erleidend hören kann, ohne in diese gequält-stumpfe Phase zu rutschen, in der jaulige Balladen im Hintergrund rumplätschern. Eigentlich handelt er von psychischer Krankheit – mich schmeißt er kontextuell total in eine frische Trennung.

ELISABETH SCHWACHULLA: ÜBERLEBEN

Die Idee mit einer solchen Liste finde ich gut! Aber warum nur einer? Meine Lieblingssongs: „Promise me" von Dead by April und „Survivor" von Destiny's Child.

ULRIKE KRISTINA HÄRTER: VOLL GEMISCHT

Als lustig und aufbauend empfinde ich „In short" aus dem Musical „Edges" von Pasek & Paul, „I will survive" von Gloria Gaynor, „We are never ever getting back together" von Taylor Swift. Außerdem „Stronger (What doesn't kill you)" und „Since u been gone" von Kelly Clarkson sowie „Tonight i'm getting over you" von Carly Rae Jepsen.

Perfekt zum Heulen sind dagegen: „Against all odds (Take a look at me now)" von Phil Collins, „Don't speak" von No Doubt, „Hello" von Adele, „Unbreak my heart" von Toni Braxton.

ALLGEMEIN

Lea – Leiser (Zwischen meinen Zeilen)
Sabrina Setlur – Du liebst mich nicht
Metalica – Nothing else matters

SAMIA NAIMI-MUTLU: VERLETZLICHKEIT

🎧 Also bei dem Lied „Run“ von Leona Lewis kann man seine Trauer und seine Verletztheit gut zulassen und sich ausweinen. Auch das Stück „Without me“ von Halsey möchte ich nennen, weil es zu der Verletztheit auch ein wenig Wut widerspiegelt und einen dadurch stärkt. 😊

YASMIN NAIMI: NEUE HOFFNUNG

🎧 Secret Garden spielt „Secret Garden“! Meine Gefühle bei dem Lied waren so heilend, dass ich – obwohl ich dabei viel heulen musste – gleichzeitig hoffen konnte. Die Melancholie ging mir durch den gesamten Körper und gab meiner Seele sehr viel Hoffnung und letzten Endes viel Licht. Ich wusste, dass alles wieder gut wird. 🙏 🙏 🙏

Außerdem solltest du dir anhören: Philipp Poisel: „Eiserner Steg“, James Blunt: „Goodbye my lover“ und Lady Gaga & Bradley Cooper: „Shallow“ (aus „A star is born“ – davon gibt es eine schöne Liveaufnahme von den Oscars).

Filme

Wer Liebeskummer hat braucht Ablenkung. Am besten: den Liebeskummer von anderen! Für unsere Liebeskummerfilmtipps brauchst du nur den Antiliebeskummertrunk (S. 193), Antiliebeskummerschokolade oder -chips, eine Kuscheldecke und ein, zwei Packungen Taschentücher! (Zur Not: BFF einladen!)

JADE S. KYE: DRAMA

Definitiv „Burlesque"! Der Film muss romantisch und irgendwie dramatisch sein.

LAURA MÖLLER: FREMDE WELTEN

Voll klischeehaft: irgendeine halb gute RomCom ... oder einfach Star Trek, das geht immer (man merkt, ich schau Serien; da würde ich zum Beispiel Chuck noch einmal durchsuchten). Auch bei Filmen und Büchern würde ich – wenn möglich – in andere Welten eintauchen, um ein wenig Abstand von der Realität zu erhalten, bis es mir wieder besser geht.

LISA HELMUS: ZUSAMMENHALT IN DER WUT

Mein Lieblingsfilm zum Thema Liebeskummer ist „Der Club der Teufelinnen". Drei Kickass Frauen schließen sich gegen ihre Exmänner zusammen und nehmen, was sie kriegen können. Der Film ist perfekt für die Wutphase – und mit dem Soundtrack sind auch die Tränen zumindest temporär getrocknet. You don't own me!

ELISABETH SCHWACHULLA:

Lieblingsfilme: „Hautnah",
„Er steht einfach nicht auf dich",
„How to be single".

ULRIKE KRISTINA HÄRTER:

„Liebe braucht keine Ferien"
„Bridget Jones. Schokolade zum Frühstück"
„Club der Teufelinnen" – bei Aggressionen
„Wie ein einziger Tag" – zum Heulen
„How to be Single" – ein neuerer Film
„Die Schadenfreundinnen"
„Sex and the City"
„Girlstrip"
„Unter der Sonne der Toskana"
„Eat Pray Love"

Dead Boy: NO LOVE IN A SPACE-DYE VEST

„A Room with a view", nach dem Buch von E. M. Forster, verfilmt mit Helena Bonham Carter, Julian Sands und Daniel Day-Lewis. Weil darin diese Liebeserklärung vorkommt: „He wants you for a possession, something to look at, like a painting or an ivory box. Something to own and to display.
He doesn't want you to be real, or to think or to live. He doesn't love you, but I love you. I want you to have your own thoughts and ideas and feelings, even when I hold you in my arms. It's our last chance … It's our last chance …"

SAMIA NAIMI-MUTLU: STÄRKEND

Der Film „Natürlich blond" mit Reese Witherspoon stärkt und motiviert einen, neue Wege zu gehen, und zeigt, wie man aus dem Schmerz der Trennung und der Situation danach das Beste draus machen kann.

Liebes-
kummer-Chat
TaraSAM
13:22
<1
+49 123...
11:37, 28.1.20xx
Jungfrau von Orleons:
Besorgungen checken!
12:21, 28.1.20xx
Best friend Orleons ❤:
Zitronen. Wir sind heute sauer.
13:17, 28.1.20xx
Jungfrau von Orleons:
Und Glückskekse.
13:21, 28.1.20xx
Best friend Orleons ❤:
Und Sekt.
13:22, 28.1.20xx
Jungfrau von Orleons:
Oder Sekt Rosé.
13:24, 28.1.20xx
Best friend Orleons ❤:
Wird ein lustiger Abend!
0:02
10:02

Party Time

Okay, du hast es bis hierher geschafft, deine Gefühle und Schmerzen bewältigt, getrauert, getobt, geweint, geschrien, bist durch Tränensümpfe gewandert …
Jetzt ist Schluss!
It's Party Time!

Oberste Faustregel für alle Liebeskummer-Partys:
Halt für dich den Aufwand und die Anzahl der Gäste in Grenzen!

Du bist auf deiner Party VIP – besonders mit Liebeskummer. Du hast also alles Recht der Welt, genügend Unterstützung einzufordern, damit du Spaß in deinem Leben neu entdecken kannst.

PARTYTIME-Checkliste

1. **Save the Date**
   Check rechtzeitig, ob deine Wunschgäste an deinem gewählten Partytag Zeit haben. Schnell und unkompliziert geht die Befragung zum Beispiel durch eine WhatsApp-Gruppe. Setz als Profilbild dein Party-Motto ein und schreib ein paar ansprechende Einladungszeilen. Denk daran, Location und Startzeit zu nennen.

2. **Playlist**
   Bereite eine Playlist mit Songs vor, die einen ganzen Partyabend füllen.

3. **Stimmungsvolles Ambiente mit der richtigen Deko**
   Sorge für Wohlfühlatmosphäre, indem du aufräumst und sauber machst. Spätestens jetzt bist du alle vollgeheulten Taschentücher und Becher vom Trosteis los. Stelle die passenden Accessoires bereit und dekoriere stilvoll. Es sollte zu dem Motto passen, das du für die Party gewählt hast.

4. **Food & Drinks**
   Gutes Essen hebt die Stimmung. Super vorbereiten lassen sich Suppen und kleines Buffets mit Fingerfood. Wenn du selbst so gar nicht Kochlaune bist, aber auch nicht schon wieder Pizza bestellen willst, schmeiß eine BAB. Eine Anleitung dazu findest bei den Motto-Ideen.

5. **Game on**
   Halte ein paar Spiele in petto. Wenn die Party nicht so recht in Schwung kommen will oder die Stimmung trüb ist, helfen lustige Brett- oder Ratespiele, die Eiszeit zu beenden.

6. **Happy New Day**
   Damit der Day-After-Party nicht zum bösen Erwachen wird, bitte deine Gäste kurz vor Ende, mit anzupacken und die schlimmste Unordnung zu beseitigen, schmutziges Geschirr abzuspülen und Essensreste und leere Flaschen einzusammeln.

7. **Beauty Look**
   Last, but not least: your Beauty Look! Nimm dir genügend Zeit, dir dein Outfit zu überlegen und dich zu stylen, damit du dich wohlfühlst. Schließlich bist du VIP auf deiner Party.

Mottopartys

Motto 1: Pyjama-Abend (Party)

Für einen Pyjama-Abend bist du nie zu alt, auch wenn der Pyjama-Look nicht wörtlich genommen werden muss. Hier können einfach bequeme Schlabberlooks wie Yoga-Outfit oder deine Lieblings-Jogginghose herhalten. Vor allem, wenn deine Herzschmerzwunden noch groß sind und sich deine Feierlaune zurückhält, magst du dich vielleicht noch nicht großartig gestylt zeigen!

Motto 2: Racheparty mit Dead Boy-Piñata

Dreimal darfst du raten: wie lautet das Motto dieser Party?

Ex verkloppen / Ex verkloppen / Ex verkloppen / Ex verkloppen / Ex verkloppen / Ex verkloppen / Ex verkloppen / Ex verkloppen / Ex verkloppen / Ex verkloppen …

Du kannst dir entweder eine fertige Piñata kaufen oder, eine eigene Piñata basteln. Mal ein lustiges Gesicht darauf und befülle sie mit Kleinigkeiten wie Bonbons oder Konfetti.

Den ganz spaßigen Verklopp-den-Ex-Part spar dir für deine Party auf!

Motto 3: BAB-Abschiedsparty oder BAB-Leichenschmaus

Ob du nun einen Leichenschmaus im Anschluss der „Begrab den Ex“-Methode (siehe Seite 74) planst oder eine fetzige Abschiedsparty mit buntem Drumherum schmeißen willst – der Deal ist bei einem Bring-a-bottle-Event ganz einfach: deine Gäste steuern trink- und essbare Leckereien zu deiner Party bei. Damit ihr zum Partystart keine böse Überraschung erlebt, schick rechtzeitig eine Liste in die Runde, auf der alle eintragen, welche Art Getränke und Speisen sie spendieren. Niemand will nur Bier trinken oder nur Tomatensalat zu essen bekommen. 😉 Du kannst deine Wunschspeisen und -getränke vorab auf die Liste setzen oder gleich bestimmte Gäste bitten, die genialen selbstgebackenen Brownies o. ä. mitzubringen.

Motto 4: Versöhnungsparty oder Dinner for two

Wenn Ex es noch nicht verkackt und sich eine neue Chance verdient hat, ist ein gut geplantes romantisches Abendessen zu zweit ein hervorragendes Event, um neue bessere Zeiten zu besiegeln. Es gibt nur ein paar Dinge zu beachten, damit sich der Abend schön und prickelnd entwickelt:

1. Wähl Menü- und Getränke, die euer beider Geschmack treffen. Oder bestell einen Tisch in eurem Lieblingslokal.
2. Sorge für ein romantisches Ambiente mit romantisch gedecktem Tisch und natürlich Kerzenlicht.
3. Die Musik soll den Abend untermalen, nicht ablenken.
4. Mach dir im Vorfeld Gedanken über Gesprächsstoff. Denk dran, ihr wollt euch versöhnen, nicht wieder streiten.
5. Entscheide dich für ein passendes Outfit und ein Darunter, in dem du dich wohl und attraktiv fühlst und keine Rolle spielen musst!
6. Wenn du dich auf eine Liebesnacht einstellst, bereite den verheißungsvollen Ort des Geschehens mit frisch bezogenen Kissen und Decken vor.
7. Genieße dein Dinner for two mit allen Sinnen!

LieBes
DEIN
LieBes
KUMMer
SEKT
www.deinliebeskummer.de

Dein Ergebnis zum Einordnungstest

Alles noch akut

Punktezahl: 210–270

Du fühlst dich wie betäubt. Der Schmerz über deinen Verlust kriecht bis in die tiefsten Winkel deines Herzens und raubt dir deinen Verstand. Du weißt nicht, was schlimmer ist: qualvolle Nächte vollgepackt mit schlechten Träumen oder nicht enden wollende Gedankenkarusselle im Wachzustand. Du bist (wieder) allein und es tut zum Zerreißen weh. So doof das klingen mag – laufe nicht vor deinem Schmerz davon. Begegne deinem Kummer auf Augenhöhe und wir versprechen dir, es wird jeden Tag ein bisschen besser. Ab Seite 24 findest du Methoden, die dir beim Liebeskummer verdauen helfen und dein Selbstwertgefühl aufpolieren.

Halbzeit

Punktezahl: 150–205

Du hast schon das halbe Liebeskummertal durchwandert und bist weiter auf einem guten Weg. Die Heulattacken schalten einen Gang zurück, du kannst langsam wieder Kräfte sammeln, wenn auch sich noch immer Wut und Enttäuschung breitmachen. Womöglich zerren eigentlich gutgemeinte Ratschläge von BFF oder Familie an deinen Nerven und schütten Salz in die offene Liebeskummerwunde. Gerade diese unbequemen Schmerzen kannst du nutzen, um deiner emotionalen Befreiung ein Stück näher zu kommen. Auf den Seiten 44 ff. kannst du dich nach Herzenslust auskotzen und austoben.

Fast am Gipfel

Punktezahl: 90–145

Noch hast du den Mont Blanc nicht erklommen, doch der Gipfel ist zum Greifen nah! Schließlich dämmert es dir so langsam, dass da ein Neuanfang auf dich wartet. Du bist auf dem besten Weg, deinen Ex endgültig zu verabschieden. Die Erinnerung an die gemeinsame Zeit tut noch weh, doch du kannst die Eiscreme und den Kaffee wieder ohne bitteren Beigeschmack genießen und über einen trockenen Witz lachen.

Lass dich auf neue Dinge ein. Beschreite neue Pfade! Nimm das Zepter in die Hand und beginne!

Inspiration findest du auf den Seiten 62 ff.

1. Auflage 2021

www.haerterverlag.de
www.deinliebeskummer.de

ISBN 978-3-942906-47-0

FSC
www.fsc.org
MIX
Papier aus verantwortungsvollen Quellen
FSC® C014138

Texte: Simone Härter, Yasmin Naimi, Claus R. Kullak, Nadine Steuer, Sophie M. Härter, Ulrike K. Härter
Rezepte: Nadine Steuer | www.einfachvegantastisch.de
Coaching-Tipps: Yasmin Naimi | www.mycoach-live.de
Gastautorinnen: Gaby Hauptmann, Ètienne Lyon, Alice Lulu, Elisabeth Schwachulla, Jule Serway, Samia Naimi-Mutlu, Lisa Helmus, Jade S. Kye, Josephine C. Pratt
Illustrationen & Dead Boy: Sophie M. Härter
Traumprinzenlied S. 71: Jule Rapunzel, ISBN 978-3981080766

Cover-Model: Samia Naimi-Mutlu
Grafische Gestaltung und Satz: CN Grafik | www.cn-grafik.de
Fotos: Sophie M. Härter & CN Grafik
Gruppenfoto S. 14–15: Thomas Kiehl | www.thomaskiehl.de
Foto Unkrautbombe: S. 137 © Die Stadtgärtner | www.diestadtgaertner.de
Leihgaben Urne & Feuerschale: Bestattungen Serway, Dettingen a. d. Erms
www.bestattungen-serway.de
Leihgaben Schmuck & Flakons: Atelier Adel Makram, Dettingen a. d. Erms
Location Fotoshooting mit Dead Boy & Cover-Model:
Café-Konditorei Sommer, Reutlingen | www.cafe-sommer.de

Lektorat: Claus R. Kullak | www.prepon.de
Korrektorat: Kia und My. im Auftrag von Kia Kahawa | www.kiakahawa.de
Korrektorat: Marie Mönkemeyer | www.schreibfantastisch.de
Druck: FINIDR s.r.o., Lípová 1965, 737 01 Český Těšín, Tschechien

Danke an alle Frauen, die bei dem zauberhaften Fotoshooting für S. 14–15 & S. 303 ihr Bestes gaben!

Sandra Deile	Samia Mutlu-Naimi
Simone Härter	Yasmin Naimi
Ulrike Härter	Jolanta Stoll
Corinna Hummel	Sabrije Wurz
Eva Kohlert	Natalia Tomaszewska
Parul Lutz	Yvonne van Volxem-Mujaveri

Foto: Thomas Kiehl | www.thomaskiehl.de

Hier ist stets der jeweilige Anbieter oder Betreiber der Seiten verantwortlich. Die verlinkten Seiten wurden zum Zeitpunkt der Verlinkung auf mögliche Rechtsverstöße überprüft. Rechtswidrige Inhalte waren zum Zeitpunkt der Verlinkung nicht erkennbar.

@DEIN_LIEBESKUMMER

Schau doch auf unseren Social-Media-Profilen vorbei. Dort posten wir Tipps, EXpressmotivationen, Liebeskummerhacks und tauschen uns auch gerne mit dir aus!

Facebook Instagram Twitter

#deinliebeskummer
#shitisdone
#EXpressmotivation
#liebeskummerhacks

Alles zum Buch findest du: www.deinliebeskummer.de